凤 凰 全 媒 体

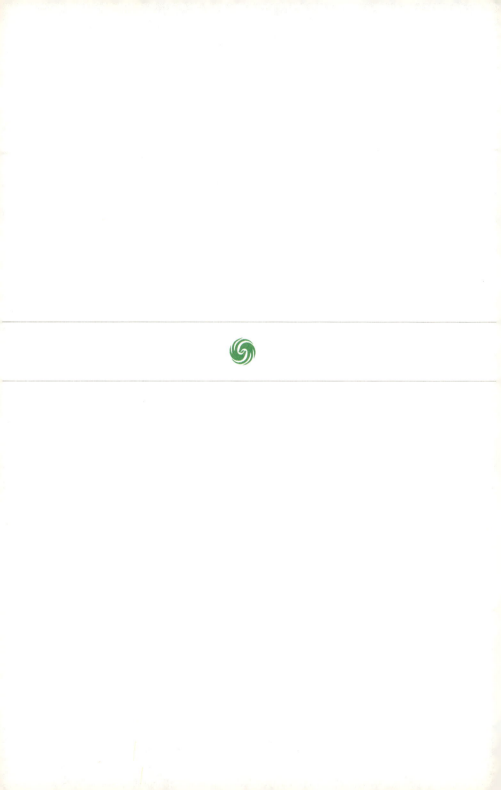

凤凰
全媒体

刘长乐　著

民主与建设出版社　　博集天卷 CS-BOOKY

目 录
Contents

一定要坚信，你现在所经历的将在你未来的生命中串连起来。

你必须相信某种东西：你自己的直觉，命运，勇气，机缘⋯⋯

正是这些信仰，让我不会失去希望，也让我的人生变得与众不同。

——史蒂夫·乔布斯

第一章

"可怕"的大数据

除了上帝，任何人都必须用数据说话。

——爱德华·戴明（美国管理学家、统计学家）

有了大数据的帮助，我们不会再将世界看作
一连串我们认为或是自然或是社会现象的事件，
我们会意识到本质上世界是由信息构成的。

——维克托·迈尔－舍恩伯格

在裸体群落中的蚊子说："我不知道从哪一
个人开始下嘴。"

——H.M. 麦克卢汉

坊间流传着一则黑色幽默：

某比萨店的电话铃响了，客服人员拿起电话。

客服：×××比萨店。您好，请问有什么需要我为您服务的？

顾客：你好，我想要一份……

客服：先生，烦请先把您的会员卡卡号告诉我。

顾客：16846146***。

客服：陈先生，您好！您是住在泉州路一号12楼1205室，您家电话是2646****，您公司电话是4666****，您的手机是1391234****。请问您想用哪一个电话付费？

顾客：你为什么知道我所有的电话号码？

客服：陈先生，因为我们联机到CRM系统。

顾客：我想要一个海鲜比萨……

客服：陈先生，海鲜比萨不适合您。

顾客：为什么？

客服：根据您的医疗记录，您的血压和胆固醇都偏高。

顾客：那你们有什么可以推荐的？

客服：您可以试试我们的低脂健康比萨。

顾客：你怎么知道我会喜欢吃这种？

客服：您上星期一在中央图书馆借了一本《低脂健康食谱》。

顾客：好。那我要一个家庭特大号比萨，要付多少钱？

客服：99元，这个足够您一家六口吃了。但您母亲应该少吃，她上个月刚刚做了心脏搭桥手术，还处在恢复期。

顾客：那可以刷卡吗？

客服：陈先生，对不起。请您付现款，因为您的信用卡已经刷爆了，您现在还欠银行4807元，而且还不包括房贷利息。

顾客：那我先去附近的提款机提款。

客服：陈先生，根据您的记录，您已经超过今日提款限额。

顾客：算了，你们直接把比萨送我家吧，家里有现金。你们多久会送到？

客服：大约30分钟。如果您不想等，可以自己骑车来。

顾客：为什么？

客服：根据我们CRM全球定位系统的车辆行驶自动跟踪系统记录，您登记有一辆车号为SB-748的摩托车，而目前您正在解放路东段华联商场右侧骑着这辆摩托车。

顾客几乎晕倒。

客服补充道：根据订餐记录，您可能还有一个另外的两口之家……

顾客彻底晕倒。

● 根据订餐记录，您可能还有一个另外的两口之家……顾客彻底晕倒。

　　这个笑话，让人思考几个问题，什么是大数据（Big Data）？大数据是怎么得到并算出这一切的？大数据会在多大程度进入和改变我们的生活方式？

　　2016 年年初，一场人机大战吸引了世界的眼球。世界围棋冠军、韩国九段高手李世石与一台名叫"阿尔法狗"的计算机进行了五番棋的"人狗大战"。在这场大战开始前，围棋界的超一流选手大多看好李世石，认为机器斗不过人，但事实却让这些大师汗颜，"阿尔法狗"以 4：1 的悬殊比分轻松战胜了李世石。

　　当人类为此惊叹、惊呼的时候，"阿尔法狗"静静地待在一边，甚至连庆祝都不会。

　　"阿尔法狗"运用的就是大数据。

　　人类的智力游戏中，围棋的难度是最大的，因为棋手起手时有 19×19=361 种落子选择，所以它的变化几乎每一局都不相同，一局 150 回合的围棋可能出现的局面多达 10 170 种。因此，挑战围棋被称作人工智能的"阿波罗计划"。

但"阿尔法狗"的设计者们是一些甚至连初段选手水平也达不到的科学家，对于他们来说，只需要懂得围棋的基本规则即可。他们利用蒙特卡洛树搜索算法和神经网络算法，将棋类专家的比赛记录输入计算机，并让计算机自己与自己进行比赛，在这个过程中不断学习训练。在与李世石对阵之前，谷歌首先用人类对弈的近 3000 万种走法来训练"阿尔法狗"的神经网络，让它学会预测人类专业棋手怎么落子。通过让"阿尔法狗"自己跟自己下棋，从而又产生规模庞大的全新的棋谱。谷歌工程师说，"阿尔法狗"每天可以尝试百万量级的走法。在下棋的过程中，它不是考虑自己应该怎么下，而是想人类的高手会怎么下。也就是说，它会根据输入棋盘当前的一个状态，预测人类下一步棋会下在哪儿，提出最符合人类思维的几种可行的下法。

这样的计算能力和数据量是人类在有限的时间内无法完成的，所以，李世石只能输了。

人类对资料与数据的占有与使用，是文明程度发展的标志。从结绳记事到仓颉造字，从竹简刻字到活版印刷，随着人们对资料数据越来越多地占有和利用，人类文明也一步步进入高级阶段。

加拿大经济历史学家哈罗德·英尼斯甚至以媒介为标准，将

● 中国纸笔和活字印刷是世界文明重要的传播手段。

人类文明分为埃及文明（莎草纸和圣书文字）、希腊罗马文明（拼音文字）、中世纪时期（羊皮纸和抄本）、中国纸笔时期、印刷术初期、启蒙时期（报纸的诞生）、机器印刷时期（印刷机、铸字机、铅版、机制纸）、电影时期、广播时期九个阶段。

这种划定人类文明的思维虽然让人大跌眼镜，但也不无道理，我们不能否认，正是因为新媒介的产生，各种资料和数据比上一种文明成百倍千倍地增加，才使新的文明获得更多的营养得以传承和发展。

哈罗德·英尼斯被引用最多的一句话是这么说的："一种媒介经过长期使用之后，可能会在一定程度上决定它传播的知识的特征。也许可以说，它无孔不入地影响创造出来的文明，最终难以保存其活力和灵活性。也许还可以说，一种新媒介的长处，将导致一种新文明的产生。"

似乎为了证明哈罗德·英尼斯预言的准确性，人类发明了电脑和互联网后，这种新媒介果然导致了新文明的产生。这就是互联网文明，大数据时代。

大数据是一种说不清道不明的东西，许多人提起它都是云里雾里，就是专业人员解释起来也得费半天劲。

比如说，啤酒与纸尿布有何关系？难道爱喝啤酒的人容易尿裤子？

写魔幻现实主义小说的马尔克斯与写推理小说的东野圭吾是

● 去给孩子买纸尿布的丈夫通常会顺手买罐啤酒犒劳自己。

● 马尔克斯与东野圭吾，不知道为什么在网上会被拉郎配。

好友吗？他们的书为什么被亚马逊网排列在一起，说明是"经常一起购买的商品"？

原来，被老婆"赶"进超市去给孩子买纸尿布的丈夫通常会顺手买罐啤酒犒劳自己，沃尔玛根据购买数据把这两种本不相干的商品放在一起，提高了销售收入。

沃尔玛每小时可以处理100万笔购买资料，从中找出隐含的资讯与商机，一些小小的商品摆放改动，也是分析巨量数据后的心得。沃尔玛的首席信息官罗林·福特说："每天早上一醒来，我就要问自己：怎样才能让数据流动得更好，管理得更好，分析得更好？"

哥伦比亚人马尔克斯与日本人东野圭吾之间唯一的关联就是他们都是作家，但亚马逊网上书店却把他们放在一起，原因是这两本书经常被同一个顾客同时买走。

最早的时候，亚马逊是遵循传统方式，让书评家写评论推销图书的，但是，他们很快就发现，计算机比人聪明，计算机虽然看不懂小说，但是却准确地知道每个人都买了什么书，哪些书经常被一起买走。这种内在的关联数据被利用起来，变成"经常一起购买的商品"，于是销量大增，成为年销售450亿美元的大企业。

这就是大数据。

科学家和工程师们试图给大数据下定义。

日本政府"智慧云端运算研究会"智库成员城田真琴认为：

● 大数据的3V特性：大量（Volume）、内容庞杂（Variety）、速度快（Velocity）。

"所谓大数据，就是用现有的一般技术难以管理的大量资料群。大数据拥有 3V 特性：大量（Volume）、内容庞杂（Variety）、速度快（Velocity）。"

研究机构 Gartner 给出的定义是："大数据"是需要新处理模式才能具有更强的决策力、洞察发现力和流程优化能力的海量、高增长率和多样化的信息资产。

"著云台"的分析师团队认为，大数据通常用来形容一个公司创造的大量非结构化数据和半结构化数据，这些数据在下载到关系型数据库用于分析时会花费过多的时间和金钱。大数据分析常和云计算联系到一起，因为实时的大型数据集分析需要像 Map Reduce 一样的框架来向数十、数百甚至数千的电脑分配工作。

信息管理专家、《大数据》的作者涂子沛说，大数据是指一般的软件工具难以捕捉、管理和分析的大容量数据，一般以"太字节"为单位。大数据之"大"，并不仅仅在于"容量之大"，更大的意义在于：通过对海量数据的交换、整合和分析，发现新的知识，创造新的价值，带来"大知识""大科技""大利润"和"大发展"。

申万宏源证券研究所副总经理易欢欢认为："大数据"是继云计算、物联网之后 IT 产业又一次颠覆性的技术变革。对国家治理模式，对企业的决策、组织和业务流程，对个人生活方式都将产生巨大的影响。

《大数据时代》的作者维克托·迈尔－舍恩伯格、肯尼思·库克耶说："大数据开启了一次重大的时代转型。就像望远镜让我们能够感受宇宙，显微镜能够观测微生物一样，大数据正在改变我们的生活以及理解世界的方式，成为新发明和新服务的源泉。而更多的转变正在蓄势待发……"

中国互联网发展重要参与者、IT 评论人谢文说："大数据很可能成为发达国家在下一轮全球竞争中的利器，而发展中国家依然处于被动依附状态之中。整个世界可能被割裂为大数据时代、小数据时代和无数据时代。"

根据 IDC（国际数据公司）的监测统计，2011 年全球数据总量已经达到 1.8ZB（1ZB 等于 1 万亿 GB，1.8ZB 也就相当于 18 亿个 1TB 移动硬盘的存储量），而这个数值还在以每两年翻一番的速度增长，预计到 2020 年全球将总共拥有 35ZB 的数据量，增长近 20 倍。大数据为信息产业带来新的、更为广阔的增长点。开源分析机构 Wikibon 预计，2012 年全球大数据企业营收为 50 亿美元，未来 5 年的市场复合年增长率将达到 58%，到 2017 年将达到 500 亿美元。

大数据不仅仅表现出商业智能，它还能够预测一些大趋势，从而对世界安全、社会公益有所贡献。比如在非典流行的 2003 年，谷歌的两个工程师就从大众搜索的关键字中，预测了可能暴发疫情的地区，他们的预测，甚至比美国权威的卫生部门的预告还要

维克托·迈尔—舍恩伯格

大数据正在改变我们的生活以及理解世界的方式，成为新发明和新服务的源泉。

快和准确。因为，一个月 900 亿条的搜索数据，就是最权威、最准确的抽样调查资料，这是任何专家靠人工都无法做到的。

大数据是冥冥中的一个神秘的预言家，它知道某种我们根本不知道的东西，它还知道所谓风马牛不相及的事物其实都是相及的，它发现规律的能力甚至比专家还要专业。

　　大数据如此神奇，普通人能使用它吗？

　　与万事万物的规律一样，大数据只偏爱有准备的头脑和强大的技术能力。

　　对于不会利用或无能力利用它的人来说，大数据就是一团乱麻，一堆无用的电脑垃圾。而对于认识到它的价值的人来说，这是一座宝藏之山，谁能说出"芝麻开门"之类的暗语，谁就能成为无尽宝藏的拥有者。

　　2012年3月，美国政府宣布投入两亿美元，进行以大数据运用为目的的研究开发，表示了举国动员致力于大数据研究的明确态度。美国政府说，要"尽力将大数据所创造的机会发挥到淋漓尽致"，"资料是新石油"。

● 对于不会利用或无能力利用它的人来说，大数据就是一团乱麻，一堆无
用的电脑垃圾。而对于认识到它的价值的人来说，这是一座宝藏之山。

石油不能再生，大数据无穷无尽。

石油需要提炼，大数据需要"被利用"。

"未来世界的本质就是数据，一切的竞争归结到最后都是数据的竞争。在生活方面，想想看，你的存款、你的通讯录、你的社交、你的一切都是由一堆数字组成的，如果有人篡改了它们呢？

"在军事方面，大数据正在逐步取代传统的军事侦察手段，成为军队高层进行决策的重要依据。不仅侦察搜集，作战兵器、战场动态、指挥命令等都是以数据的形式存在，这些瞬息万变的海量信息，构成了最基本的战场生态。"[1]

被称为台湾天才工程师的翟本乔说，利用大数据，不是一个简单的大量储存和平行运算系统就能完成的，而是需要 data minning（资料探勘）、neural network（神经网络）、pattern recognition（模式识别）、information retrieval（资讯萃取）等领域的投资和开发。

---

[1] 水木然：出自《跨界战争》。

对于传统媒体出身的人来说，我们这代人是靠"码字"开始的职业生涯。今天，数据革命真的"革"到我们头上了，"狼来了"。

大数据颠覆了许多固有观念，也改变了我们的世界观。

让人印象特别深刻的是，用电脑分析数据的亚马逊的工程师打败了用笔写评论的书评家。

按照常理，书评家对图书内容的了解与分析，应该比工程师更深入、更专业，但是，奇怪的事情发生了：工程师通过对用户消费记录和浏览记录等数据进行分析，从每年450亿美元的订单中寻找关联度，对照行为相仿的用户记录，可以更准确地找到需要向顾客推荐的产品。

亚马逊三分之一的图书是靠这种个性化推荐系统卖掉的。

而书评家显然创造不了这样的销售业绩，如果他想通过阅读和写稿的传统方式去评论这些书，非累吐血不可。于是，大数据上位，书评家失业，因为"人工评论的成本是非常高的。而电脑运算大数据，要快捷和省力得多"。

不懂书籍好坏的计算机打败了懂书的评论家，这是非常严峻的挑战。

挑战并非来自某一企业、某一行业、某一国家，而是来自那个无形的大网——互联网和互联网生产的无穷无尽的大数据。

对大数据不懂、不会、不用，就如同坐在黄金上的乞丐，只有饿死的份儿。

回望刚刚过去的这几年，在数字革命的浪潮冲刷下，许多昔日的弄潮儿，遭遇了死在时代沙滩上的厄运。的确，在这个最坏也是最好的时代，并非只有凯歌。无论百年名企，还是昨日新贵，同样可能岌岌可危：

2012年1月19日，美国柯达公司及其美国子公司依据美国《破产法》提出破产保护申请。

柯达的际遇，尤为令人慨叹商业竞争的惨烈与悲壮。即使已辉煌百年，即使是数码技术的最初发明者，也不曾摆脱黯然落幕的结局……

另一边，在2012年5月18日，Facebook在纳斯达克上市，IPO定价38美元，融资160亿美元，估值1040亿美元，创下美国公司最高上市估值。

全球投资者都在密切关注这场互联网史上最大规模的IPO盛事。

究竟是什么演绎了这样一个又一个令人瞠目结舌的悲喜剧？

雷·哈蒙德在《数字化商业》中曾说："全球电脑网络化的发展将成为塑造这个星球上生活的决定因素。"

正如国金证券的一份报告所说，大数据时代网民和消费者的界限正在消弭，企业的疆界变得模糊，数据成为核心的资产，并将深刻影响企业的业务模式，甚至重构其文化和组织。因此，大数据对国家治理模式，对企业的决策、组织和业务流程，对个人生活方式都将产生巨大的影响。

这份报告警告说，如果不能利用大数据更加贴近消费者、深刻理解需求、高效分析信息并做出预判，所有传统的产品公司都只能沦为新型用户平台级公司的附庸，其衰落不是管理能扭转的。

长久以来，新技术好像寒风中想要挤进帐篷里的一只骆驼，人类不曾注意到它温良眉目下蕴藏着的锐气与生机，直到今天，蓦然回首，我们才发现，这只巨大的骆驼，已挤进了我们栖身的帐篷，生存空间被它挤压得小而又小。这一切，令人不由得想起托夫勒在《未来的冲击》中所描述的："新知识的浪潮已迫使我们走入日渐细分的专业领域，驱使我们以更快的速度，重新修正互联网在我们头脑中的形象，这就需要我们积极去接触它、拥抱它。"

这个图景，是新技术革命景象的写照，同时也符合新技术革命竞争下的媒体态势。自20世纪90年代至今，中国传媒刚刚经历了要做大做强，扬帆出海的改革，倏然间，又面临着新媒体技术下未知市场空间的挑战。面对已经全身挤进来的"骆驼"，是选择放弃帐篷，抑或去驾驭这只巨大的骆驼，与新媒体、新技术全面融合？

逆水行舟，不进则退。这是无可选择的宿命。

● 新技术好像寒风中想要挤进帐篷里的一只骆驼。

正如大数据时代的预言家维克托·迈尔－舍恩伯格所说，大数据并不是一个充斥着运算法则和机器的冰冷世界，其中仍需要人扮演重要角色。

大数据能帮助我们表现更佳、更富效率、取得进步，最终捕捉住利益。

好吧，让我们去接触它、拥抱它。

第二章

盲人摸象，什么是全媒体？

电报发明之后，只剩下大众白话的围墙。在它瞬息传递功能的冲击之下，其余的一切文化围墙都将土崩瓦解。随着有线传真照片的出现，大众白话之墙也随之坍塌了。

电报把文字转换成声音。文字的电气化是向声觉世界回归迈出的一大步，就像继后的电话、广播和电视迈出的步子一样。

电话：没有围墙的口语。

唱机：没有围墙的音乐厅。

照片：没有围墙的博物馆。

影视：没有围墙的教室。

现在，教室不再是聚精会神的地方，而是拘禁人的地方。注意力飞出了教室。

——H.M. 麦克卢汉

与下载相比，上传的诱惑是无法形容的。

这确实是一个神奇的世界，到处都是自发形成的网络社区和愿意相互分享观点并免费告知公众的志愿者。

——托马斯·弗里德曼（《世界是平的》作者）

"全媒体"是业界近来使用频繁的关键词之一。

　　那么，究竟什么是"全媒体"？

　　有学者研究认为，"全媒体"即"omnimedia"，源自美国一家名叫 Martha Stewart Living Omnimedia（马莎·斯图尔特生活全媒体）的家政公司。这家成立于1999年的公司，拥有并管理包括杂志、书籍、报纸专栏、电视节目、广播节目、网站在内的多种媒体，通过旗下的所谓"全媒体"传播自己的家政服务和产品。限于当时的科技水平，马莎·斯图尔特生活全媒体公司的"全媒体"显然并不全，我看它的真正含义更接近 multimedia "多媒体"，然而，这个具有超前意识的"omnimedia"却在无意中道破世界传媒业发展的玄机。

　　根据"百科名片"的界定，"全媒体"就是综合运用各种表现形式，如文、图、声、光、电，全方位、立体地展示传播内容，同时通过文字、声像、网络、通信等传播手段来传输的一种新的传播形态。"全媒体"的"全"不仅包括报纸、杂志、广播、电视、音像、电影、出版、网络、电信、卫星通信等各类传播工具，涵盖视、听、形象、触觉等人们接受信息的全部感官，而且针对受众的不同需求，选择最适合的媒体形式和管道，深度融合，提供超细分的服务，实现对受众的全面覆盖及最佳传播效果。

电脑智能化和互联网的广泛应用，使全球新秩序、经济、金融一体化成为新的浪潮，互联网思维成为这个时代企业生存的"葵花宝典"。

媒体一向是自诩走在世界前面、引领世界潮流的，因此，互联网化、全媒体化是每一个传统媒体必须经历的蜕变。在数字技术革命到来时，媒体原有的属性和边界被改写或突破，从新闻信息的制作，到传播生态的转变，再到效果评价体系的重构，媒介的生态发生了重要的变化：它融合多种应用和体验，从线上到线下，从传统终端到多屏互动，笔记本电脑、手机、iPad 等智能移动终端的出现，使传统媒体与新媒体之间融合互通，变成"全媒体"。

号称"死磕互联网思维"的学者何万斌说，相比报纸杂志，信息可以通过网络更快速、更海量、更便宜地传播。于是，以雅虎为代表的门户网站横空出世，新浪、网易、搜狐也因此而崛起。

人们在被动接收信息的同时，还期望能够精准地获得自己想要的信息。于是，以谷歌为代表的搜索引擎横空出世，百度也因此而崛起。

人们在主动搜寻信息的同时，还期望能彼此交流信息。于是，以 Facebook 为代表的社交网络横空出世，新浪微博也因此而崛起。

人们在彼此交流信息的同时，还期望交流能更加顺畅自如。于是，以 ICQ 为代表的即时通信横空出世，腾讯 QQ 也因此而崛起。

到今天，能让人们随时随地交流的微信、whatsapp 等，更是如日中天。

从被动接收信息到主动搜寻信息，从彼此交流信息到随时随地交流，贯穿始终的，是人们希望能够更好地"互动"。

何万斌的这段话，具体形象地解读了"全媒体"。

我认为，全媒体的概念用两个"三"来概括比较具体：一个是三网合一，一个是三 G 合一。

三网合一，就是广播电视网络、电信网络以及互联网的三网融合。

三 G 合一，也有人说是三屏合一，即电视、电脑和手机等多种终端的融合接收（也有说法称为四屏合一，即电脑、电视、iPad、手机）。

三网合一、三 G 合一的最终目的只有一个：到达。

● 全媒体的两个"三"，三网合一，三Ｇ合一。

全媒体的两个「三」，三网合一，三Ｇ合一。

到达哪儿？观众、听众、受众。

如果再准确表述，那就是：精准到达。

我知道你喜欢什么，需要什么，并且会非常贴心、及时地呈送。

全媒体就这么牛。它并不仅仅是"全"，还能够"知""智"。

全媒体可以把文字、图像、动画、网页、声音、视频等多种媒体表现手段通过广播、电视、音像、电影、出版、报纸、杂志、网站等不同的媒介形态，通过融合的广电网络、电信网络、互联网络进行传播，实现了任何时间、任何地点、任何人以任何方式接受任何媒体内容的过程和状态。

这种到达是非常精准的，通过大数据，全媒体知道每一个用户需要什么，喜欢什么，并且能把你喜欢和需要的东西直接发送给你。

而且受众不再是传统媒体受众，也不再是那些"我说你听""我播你看""我写你读"的被动人群了，他们是参与者、互动者，甚至本身就是新闻的发布人。

甚至有人说，现在的门户网站，形态上已经接近传统媒体。因为全媒体形态已是具有交互功能、用户定制功能，以及占有大量用户资源的社交网络。

全媒体的真实面目和未来憧憬究竟会怎样？我们的认识还非常有限，不妨以"盲人摸象"的方法，摸摸全媒体这头大象。

盲人摸象这个故事，是个中国成语，被用来比喻看问题总是

● 在真理与谬误的高山之间，其实只有一条思想的河流，成为界限。

以点带面、以偏概全。其实，这个故事来源于印度的古老传说，其本意是讲认识事物的过程，需要分析—综合—再分析—再综合。摸清了局部，对于认识全局，同样具有重要意义。

在真理与谬误的高山之间，其实只有一条思想的河流，成为界限。

如果把全媒体看作一只庞然大物的象，那么，今天已逐渐浸染其中的新技术、新媒体、传统媒体，以及全媒体用户，分别是其中的哪个片段呢？

那么，就让我们走进全媒体，由局部到全体，摸一摸这头巨象，揭开它的真面目。

摸象头，感知新技术变革的引领

有一个公式是 SNS[1] 技术 + 云服务 + 未来 = 未来市场。

SNS 是 Social Networking Services 缩写，也有人称之为 Social Network Software。美国互联网专家史蒂夫说，SNS 社会化网络不过是刚从"受精卵阶段"发展至"婴儿阶段"罢了。它的前景和未来价值引发人们的无限憧憬。

在新技术变革方面，很多大公司给我们做出了榜样。

以一直痴迷于颠覆性变革的苹果公司为例。苹果给我们的生活带来了很大的变化，iPad、iMac，以及 Apple TV [2]。Apple TV，有人说是电视人的未来，也有人说是电视人的坟墓。为什么呢？如果形象地说 Apple TV，就好像把我们现在的 iPhone 和 iPad 变成 30 英寸或 50 英寸甚至更大的电视机。这样的比喻未必正确，但是的确足够形象。其实在 Apple TV 出来之前，市场上已有类似产品，比如，我在家里安了一个 40 多英寸的显示器，类似一个放大的 iPad。它可以让人一边在跑步机上跑步，一边看电视，一边上网，而且还能够互动。不过，作为一个运营商来说，Apple TV 的发展空间和运营难度仍旧非常巨大。

再比如微软，世界软件开发的先锋，它拥有全世界 IT 领域最领先的技术和最聪明的头脑。在 IT 软件行业流传着一句告诫：

[1] SNS，指帮助人们建立社会性网络的互联网应用服务，也指 "社交网站" 或 "社交网"。亦指社会性网络软件，是一种采用 Peer to Peer 技术构建的下一代基于个人的网络基础软件。

[2] Apple TV 是由苹果公司推出的一款高清电视机顶盒产品，用户可以通过 Apple TV 在线收看电视节目，也可以通过 Airplay 功能，将 iPad、iPhone、iPod 和 PC 中的照片、视频和音乐通过传输在电视上进行播放。

"永远不要去做微软想做的事情。"对于所向披靡的微软，挑战它，似乎无异于飞蛾扑火。微软在面临新技术革命的冲击时，也做出了令人眼花缭乱的举措。2011年5月11日，它斥资85亿美元收购了Skype[3]。Skype可以说是一个非常强悍的传播方式和方法。美国联邦通信委员会主席Michael Powell这样说："当我下载完Skype，我意识到传统通信时代结束了……现在，世界将不可避免地发生改变。"

微软为什么要收购Skype？因为它看到了Skype的未来前景。也许微软自身并未很清晰地意识到全媒体发展的概念，但它做的却是一个全媒体发展的事情。

我们还知道，微软在软件方面做了一个新的Office 365[4]，是应用云技术做的云软件，这个软件将网络体系和包括声音影像的多元化多媒体形态打造成一体，形成了一个非常好的高保真的传

---

[3]Skype是一款即时通信软件，其功能包括视频聊天、多人语音会议、传送文件等。它可以免费高清晰与其他用户语音对话，也可以拨打国内国际电话，无论固定电话、手机，均可直接拨打，并且可以实现呼叫转移、短信发送等功能。

[4]Office 365是微软公司基于云平台的应用套件，可使企业享受高效协同的高端云服务。

● 比尔·盖茨把 Skype 装进了口袋。

播系统。更厉害的是，使用这个软件费用极其便宜，用户甚至能以一支普通中性笔般低廉的日均成本，享受新的云端服务。

应该说，微软在技术革新方向的选择上非常正确，将来我们可以看到它的价值。我认为，语音功能的力量是非常强大的，像我女儿这一代人就经常用语音的方式上网，你说一句话，软件能直接变成文字、变成外语、变成电脑的命令……这种东西将来发展下去，英语可以不用学了，因为戴上耳机后面的翻译就出来了。当然，我的意思不是说大家可以不学英语，还得踏踏实实地学，别跟我似的，浪费了很多年时间，英语没学好。但我也希望功能强大的语音翻译软件能早日进入我们的生活，能使我们省很多劲儿。不单是英语，比如跟德国人、日本人对话的时候也能用这种翻译机，那同声传译基本上就由人工改为机器了。所以说声音很重要。

20世纪90年代，一个目录中拥有简单数据库搜索功能的雅虎，是那个时代英特网的代名词，在当时很前卫。但是今天，雅虎已经变成陈旧时代的一个代名词了。因为雅虎的这种索引方式，远远落后于Skype、Office 365这样的新的传播手段和传播通道。

据市场研究公司IDC称，云服务是推动IT行业未来25年发展的重要变革的一个关键组成部分。公共IT云服务开支将由2010年的215亿美元增加到2015年的729亿美元，其间的混合年增长率为27.6%。美国将是公共IT云服务的最大消费国，

● 并非科幻：同声同步翻译机。

2015 年来自美国的开支将占到公共 IT 云服务总开支的 50%。云平台之争的胜利者很可能会成为整个 IT 行业的领袖。

我们将看到，新技术的引领作为象头是多么重要！

摸象身，体验传统媒体的辐射能力

让我们来体验一下传统媒体的辐射能力。

虽然我们一直都在说内容为王，但抵挡不住传统媒体尤其是纸媒遇到的压力和困难。

2005 年，中国的报业大佬们有一个著名的《南京宣言》，号召"全国报界联合起来，积极运用法律武器，加强知识产权保护，维护自身合法利益，改变新闻产品被商业网站无偿或廉价使用的现状"。

《南京宣言》像一道战书，表面上气势如虹，实际上透露出传统媒体的艰难之境。《南京宣言》预见到了传统媒体与新媒体会因数字化产生恩恩怨怨，纸媒所承受的压力会越来越大，以及新媒体、互联网所带来的空间对传统媒体带来巨大的冲击。《南京宣言》的结论是要保护知识产权，但是被动地筑起堡垒，想要守住这"一亩三分地"，而不是积极地改变自己，以适应媒体生态环境的变化，就显得有些悲壮与悲凉。何况这样的"结盟"与春秋战国的"连横""合纵"有几分相似，大家各怀心事，步调根本无法统一，最终被各个击破只是时间问题。

报业的被动联合带给我们许多联想。美国北卡罗来纳州立大学教授菲利普·迈尔预言："到 2044 年，确切地说是 2044 年 10 月，最后一位日报读者将结账走人。"比他更悲观的联合国世界知识产权组织总干事弗朗西斯·加利在 2011 年 10 月 3 日预言，数字报纸将在 2040 年取代纸质报纸。他认为："这是一场革命，它无关对或者错。多个研究结果显示，它们（纸质报纸）将于 2040 年消失。在美国，它们将于 2017 年消失。"

事实正在应验他们的预言：

统计数字显示，2008 年英国共有 60 份地区报倒闭，美国单在 2009 年首季，已有 70 份报纸结业。

2009 年 8 月 17 日，《读者文摘》美国分公司申请破产保护，总负债达 22 亿美元；2013 年 2 月 17 日，《读者文摘》母公司 RDA Holding 再次提出破产保护申请，以削减其 4.65 亿美元的债务。《读者文摘》近 90 岁高龄，旗下拥有 90 余本杂志，曾经是世界上最畅销的刊物，创下过每月最高 1800 万份的销量纪录。近年来，随着网络的强力冲击，杂志经营情况每况愈下，他们试

● 美国一位大学教授预言："到 2044 年 10 月，最后一位日报读者将结账走人。"

图以 10 亿美元左右的求售价格寻找新的买家。这一做法，被舆论感伤地称作"受伤但坚持飞行的小鸟"。

2011 年 8 月 31 日，新西兰报联社正式关闭，结束了其 132 年的历史。该社是新西兰唯一的全国性通讯社，全天 24 小时向新西兰 70 多家媒体传送国内外新闻，20 世纪 80－90 年代达到其全盛时期，在华盛顿、伦敦、悉尼、新加坡等地设有驻外机构。由于其主要股东费尔法克斯新闻集团投巨资发展数字媒体业务，该社在传播数字化冲击下被迫关闭。

无论《新闻周刊》的 1 美元出售、《读者文摘》的待价而沽，还是新西兰报联社的关闭，都提醒我们关注全媒体时代的传播特征，传统媒体要生存、要发展，必须营造新的生存环境。

这是一场急风暴雨式的革命，新的力量态度相当粗暴、强悍，甚至毫不讲理——不由分说就把你打蒙了，把本来属于你的地盘强占了。它甚至不给你选择的机会，也不以谁对谁错作为看待事情的标准。正如我们常说的，新闻的真实性比所谓的正确性更为重要。

历史在你眼前发生，你必须应对。这件事情本身不存在对错，它就是一个事实。无论是说 2040 年报纸消失，还是说这一事实会更早或更晚发生，它一定会发生。

生存的通道似乎只有一条：传统媒体拥抱新媒体，与之合体，变身全媒体。

1.传统媒体与新媒体有非常好的互补性。传统媒体的内容更深刻、更专业，表现出"富有逻辑的复杂思想，高度的理性和秩序，对于自相矛盾的憎恶，超常的冷静和客观"。而新媒体在即时、快速、视角和内容海量上优于传统媒体。

2.传统媒体可以部分掌握舆论的主导权。传统媒体公信度高，影响力长远，而新媒体上的新闻则鱼龙混杂、良莠不齐，每有大事发生，人们往往先从新媒体上看到消息，然后到传统媒体求证。

3.传统媒体可以提升新媒体的品质。传统媒体的原创性思想与内容是新媒体所严重缺乏的。传统媒体以原创为主，新媒体以"拿来"为主。有人指出，传统媒体的危机，很大程度是文化的危机、技术的危机、创新的危机、内容开掘的危机。这些危机，也是今后新媒体必然遇到的危机，双方的融合，有助于化解危机。

《读者文摘》创始人华莱士曾经要求编辑思考三个问题：

（1）它可以被引述吗？会不会是读者思索和讨论的东西？

（2）它实用吗？是不是大多数人感兴趣的谈论话题？

（3）它有恒久的趣味吗？是否一两年后仍然有意思？

华莱士确立的编辑理念至今仍然是原创的标准之一。

形式的创新与变化不能代替内容的探索。内容的与时俱进，是对传统媒体和新媒体共同的要求。

美国新闻学会媒介研究中心主任 Andrew Nachison 将此趋势定义为"融合媒介"——印刷的、音频的、视频的、互动性数字媒体组织之间的战略的、操作的、文化的联盟。

"媒介融合"的标志性事件发生在拥有《坦帕论坛报》、WFLA 电视台等传统媒体的坦帕新闻中心。

2000 年 3 月，总部位于美国佛罗里达州坦帕市的媒介综合集团成立坦帕新闻中心，将旗下的《坦帕论坛报》、WFLA 电视台和报纸的坦帕湾网搬到一座造价 4000 万美元的四层大厦办公，被美国学者称为"媒介融合实验"与"未来新闻编辑部的模型"。在坦帕新闻中心，传统的报纸、电视台和网站被整合为一体，采用开放式办公方式，所有媒体工作人员在一个圆桌上进行统一报道部署。

这种方法可以使新闻信息多形态呈现、多渠道发行、多终端阅读，实现多次售卖，继而获取更大、更多的增值机会，获得游说广告商更大的筹码，通过一次售卖赚取比原来单一介质更大的收益。

在融合的背景下，记者这一角色也不断发生变化，他们往往一身多职，拥有多方面技能，可同时为不同的媒体平台服务。如《坦帕论坛报》记者可以兼任摄影和摄像，同时会出现在电视频道上；而在电视台的记者除了具备影像的技术之外，也要学会给报纸媒体提供文字信息，成为"三栖"记者。

今天在我们摸到的这头全媒体大象身上，传统媒体仍然牢牢地把握着"心脏"地位的内容优势。可以预见的是，无论未来传

● "融合媒介"——印刷的、音频的、视频的、互动性数字媒体组织之间
的战略的、操作的、文化的联盟。

统媒体将以怎样的路径走向全媒体化，在其道路进程中，唯有"心脏"足够强劲有力，全媒体的"血管"才能血液充沛，传统媒体的未来生态才可能血气旺盛、容光焕发。

总之，传统媒体在社会变革中是前有路障，后有追兵。身边一群狼，后边一群虎，是压力非常大的一个时代。凤凰卫视能深刻感受到这种压力，这种压力不仅来自外界，还来自内部和我们的内心。

任何一个不甘于落伍的媒体人都会有雄起的冲动。

摸象腿，感受新媒体的支撑力

摸象腿，就是感受新媒体形态的支撑力。象腿很粗，才能支撑起大象庞大的身躯。新媒体站在新技术的前沿，传统媒体的领军人物必须真正懂得互联网，才能具有把握全媒体化先机的可能性。

2004 年才刚刚上线的社交网络 Facebook 于 2012 年 5 月 18 日在纳斯达克上市，IPO 定价为 38 美元，发售 4.2 亿股，融资规模将达 160 亿美元。按此发行价计算，Facebook 的估值为 1040 亿美元，创下美国公司最高上市估值。新媒体发展，可谓"气势汹汹"。

不过，在变革的潮头，新媒体所面临的冲击和压力同样翻江倒海。

2011 年年底，多家媒体引用的互联网数据中心（DCCI）统计数据称，中国的移动互联网开发者中，盈利的约占 25.2%，打平的占 40.4%，还在亏钱的则高达 34.4%。

甚至在 SNS 竞争中堪称霸主的新浪微博，作为目前国内最热网络社交圈之一，用户超过 3 亿，尽管已有望形成稳定的赢利模式，但除了在游戏平台上有部分收入，仍处在烧钱阶段。2011年全年新浪微博的投入高达 1 亿美元。

不过，值得肯定的是，无论今天是否能够实现盈利，微博都聚拢了今日逐渐稀缺的用户资源。过去，我们总在讲"内容为王"，后来又有人在讲"渠道为王"，现在，我们所面对的局面是"用户是王"。一个资讯爆炸、资讯过剩的时代，与从前那个可以将一份报纸一个字不落全部看完的资讯稀缺时代完全不同，今日传媒，对于传媒人来说，所面临的就是一个买方市场。用户就是买方。这一点，我们传媒人应该清醒。有很多人对买方市场还不适应，对用户的尊重程度或者对用户的变化还调整不过来。

失去了用户，就失去了发展的命脉。

这是我们必须正视的现实。

摸象鼻，把握全媒体优秀人才

象鼻是大象身体中最灵活、功能最发达的部分。我们形象地将象鼻比喻为全媒体优秀人才。

在英国，英国报业协会和汤姆逊基金会共同举办了全能记者培训班，全面轮训英国的报纸记者。英国广播公司一方面裁撤缩编其地方新闻部，一方面又展开了规模庞大的四百名全媒体记者的培训计划，这一举动已经使其地方新闻部的所有工作人员都是全能记者。而美国广播公司 ABC 则宣布，在全球范围内裁撤物理性质的记者站，同时在全球范围内招募全能记者。这些举动都表明了全媒体时代媒体的用人之道。

英国是老牌媒体王国，它在全媒体人才培养方面的做法，值得我们学习。英国人具有创新的传统，他们所做的很多事情，既很传统，又非常超前。英国目前发表学术论文的数据是全球论文量的 8%，被引用率超过 9%。科研费用占全球的 6%，非常之高。这使我们联想到，为什么在伦敦行走的时候，既有非常传统的精品街，又有非常 fashion、非常新潮的牛津街，传统与现代完美融合。这一点，非常值得借鉴。

英国的战地记者和全能记者的培训，在全球范围内都做得非常出色。以战地记者的培训为例，大家熟知的凤凰记者闾丘露薇，她的战地记者训练相当大部分来自英国战地记协。英国战地记协能够提供整套的装备，包括保护自己的钢盔，既防弹又轻便，印有突发记者文字标识的防弹衣，以及鞋和帽子。更重要的是，它教你怎样保护自己的生命，怎样躲避轰炸和流弹。此外，英国人还为记者制定了相关的保险条例。凤凰借鉴英国记协的做法，给每一个战地记者都提供了非常好的保险，我们的记者在全世界的任何地方受了伤、得了病，都有 SOS 负责救援，甚至是专机送达。

美国广播公司 ABC 也宣布，在全球范围内要裁撤物理性质的记者站。撤物理性质的记者站跟我们说有些人在家里办公是一个意思，用不着记者站和办公室，在家里、在网上就能够完成任务。同时，他们在全球招聘全能记者，此举既能减少开支，又能增加机动性。

今天，在大学的新闻人才培养上，无疑也要向培养全媒体化新闻人才上转化：

密苏里新闻学院在媒介融合实验室训练学生时，重点在于学生对新闻媒介的运用选择。对于一个新闻事件，在哪些方面使用文字报道，哪些方面使用动态影像，多大程度上使用手机媒体，使用网络新闻，使用图像图表，是用静态的线性来表现，还是用 FLASH 技术支持的动画来表现，是用滚动新闻现场直播，还是与用户互动采用网民提供的内容，这些东西本来是编辑来干的，

● 凤凰记者闾丘露薇的战地记者训练相当大部分来自英国战地记协。

凤凰记者闾丘露薇，她的战地记者训练相当大部分来自英国的战地记协……

但是对记者来说，现在都要考虑。这些都是对全媒体人才综合能力的考验。所以人才是最关键的，最重要的。

美国钢铁之父卡内基说："拿走我的全部财产，把人才留给我，几年后，我又是一个钢铁大王。"在全媒体时代，人才是凤凰的第一宝，我们不仅要看见森林，也要看见树木，看见树木与森林的关系。

摸象牙和象尾，体会政策和机制保障的重要性

摸象牙和象尾，主要是体会政策和机制保障的重要性。象牙与象尾，一个巨大，一个细小，一个在前，一个居后，以这两物来看待全媒体时代的政策与机制，看起来有点自相矛盾。其实，一个变革所需要的政策与机制，既要求宏观够大，又须得微观够细。并且，在整个全媒体化的过程中，政策与机制的保障，需要自始至终。如此，全媒体之象才能成形。

在世界各国媒介融合形态演进的过程中，建立专门的信息传播管制机构，对通信、广播电视、互联网信息传播等业务进行统一管理成为发展方向。在美洲，88% 的国家建立了专门的电信管制机构。到 2004 年中期，全球电信管制机构（包括准独立的电

信管制机构）的数量已经增加到 132 家。如美国的联邦通信委员会（FCC）、英国通信管制局（OFCOM）等。

如今，发达国家正在倡导"access to all"，即为所有人提供接入平台的信息传播理念。英国正在大力推行"Digital Britain"（数字英国）计划，发展数字全平台上的"全业务"。为了保持英国在创新、投资和数字、通信领域的优势，英国政府在 2008 年 10 月提出一个行动计划，设想使英国的每个居民都能接入宽带网络。2011 年 6 月中旬，英国政府又公布了《数字英国》白皮书，为本国数字化通信传播确定发展方向，其中提出的政策性建议也将影响今后 BBC 和其他公共传播服务的发展。

中国是从 2010 年 1 月份开始，决定加快推进电信网、广播电视网和互联网的三网融合。而早在 1996 年，美国就修正并通过了新的《电信法》，放开了以往对传播产业跨业经营的限制，强调要开放《电信法》中间所制约的媒体与媒体、通讯社与通讯社、通讯公司与通讯公司之间的屏蔽和壁垒，美国媒介综合集团才得以用多媒体融合的整合优势因应新科技带来的新媒体格局。这对我国三网融合下的"新媒体格局"具有一定的借鉴意义。

全媒体化是以媒介融合为核心的变革。实践过程中，必然会兼容多种媒体内容、横跨多种媒介渠道，受到电信、广电、文化、新闻出版等部门共同监管，行业间利益纷争、媒介规制的分立与

● 数字英国

交错就会成为全媒体发展的绊脚石。传统媒体的全媒体化必然出现一系列问题：媒介之间如何相互进入？遇到利益冲突的时候如何处理？政策机制的保障如何实施等。

对于全媒体化的进程，我个人觉得从国家、行业和传统媒体层面需要有五个方面的思想变革：

1. 国家和行政管理层面。全媒体化事关传统媒体的生存与发展，国家和相关行政管理部门同样需要有危机感和紧迫感，要更新观念、减政放权、给足政策，支持传统媒体的变革。政策与观念的支持是最大的支持。中国改革开放之初，国家并没有大量资金注入各行各业，只是在政策上松绑放权，结果释放了民间的伟大力量，使国家在很短的时间内走上了复兴之路。传媒业作为文化产业的主力部队，应该给予更加宽松的经营发展环境。

2. 在组织结构上做到全媒体化。传统媒体需要重整江湖。不是任何一家传统媒体都可以改造成全媒体，一些二三线城市的传统媒体已经难以生存，大约属于"结构性产能过剩"的媒体，应该从大的战略布局上对此进行调整，整合优质资源，培训全能记者，砍掉一批"小而全"的传统媒体，通过内部调动和配置，把组织结构和新闻资源调整得有利于全媒体化。

3. 内容资源的全媒体化。资源整合不光是为了降低成本，实际上在相当大的程度上是做乘法，使收入倍增。

4. 传播通道的全媒体化。

5. 产品形态的全媒体化。iPad 或者 iPhone，乃至以后的三网融合都是全媒体化的一种形式，但是这不代表着全媒体的全部，我们期待有越来越多的全媒体化产品出现。

全媒体进程中，也有很多困局。成本巨大，产出有限，到目前为止，收入模式还没有寻求到非常好的解决方式。向"全媒体"集团进军，是近两年中国媒体最热闹的举动。从上到下，从大到小，几乎所有媒体都在高喊"全媒体"的口号。传媒集团都以拥有尽可能多的媒介种类为荣，每出现一种新的媒介形态或媒体业态，都要不遗余力地去"抢滩"，以为这是向"全媒体集团"迈了一步。甚至有些县级报刊、电台、电视台也在打造全媒体，其实对于大多数媒体而言，"全媒体化"并不具备可行性。全媒体战略，目前还只是用于少数资金雄厚、市场覆盖面广，业务、技术和人才资源丰富的大型传媒集团。对于绝大多数小规模的媒体和媒体集团来说，在赢利模式尚不清晰的状况下，注意不要盲目扩张。

第三章

传统媒体真的在"垂死挣扎"吗？

所有的创业者都应该多花点时间，去学习别人怎么失败的。

创业者光有激情和创新是不够的，它需要很好的体系、制度、团队以及良好的盈利模式。

——马云

一个墨西哥记者跟我说，有一天他采访了一位来自中国中央银行的官员，那位官员对他说的关于中美贸易关系的话让他的心情久久不能平静："最初，我们害怕狼来了——来自国外的竞争，后来我们与狼共舞，现在我们也要做狼。"

——托马斯·弗里德曼

　　不久前，一篇互联网檄文被认为是新媒体对传统媒体的最后通牒——《传统媒体的垂死挣扎》[1]。

　　文章说，史学家做过调查，在冷兵器时代，两军对垒，逃兵比例在很大程度上决定着战役胜负，因为一旦逃兵数量超过某个阈值，即会影响军队士气，牵连溃败，所以在督军底下，都会设立针对逃兵的阵前处决单位，杜绝连锁效应的发生。

---

[1]阑夕：《传统媒体的垂死挣扎》，http://www.huxiu.com/article/26825/1.html

在中国的传统媒体行业，其实也有"逃兵现象"，一部分敏感神经更加发达的媒体人开始奔赴转型之路，相继弃船。而那些坐守原地的遗老遗少，则是一边隐隐感到不安，一边出于本分，对逃兵嗤之以鼻，试图拾起尊严。

无论是传统媒体还是新媒体，都是一门生意，生意的好坏，由账本决定，上面的数字不会骗人，无论是骂还是吹，斤斤计较之后，冷暖尤为自知。

在中国，在借"全媒体"之势拓宽渠道的过程中，形式大多高于功能，不少人揶揄传统媒体自以为建了一个网站同步数字版内容、开了几个微博就成新媒体了，话虽刻薄，却不无道理。

为了证明自己的观点，作者列举了一系列的事实：

2015年刚过去，微观中国网发布新闻称，又有25家纸媒与这个世界说"再见"了。

现在，纸媒内部人士习惯用到一个词——"断崖式下跌"。

断崖式下跌既体现在了硬指标——发行量和广告上，也体现在了软指标——人员流失上。

2014年12月10日，中国报业物资供应年会公布数据，2014年全国报业用纸量为276万吨，比2013年减少31万吨。据推算，2015年中国报业总用纸量将进一步下降到约264万吨。

中国广告协会报刊分会、央视市场研究（CTR）媒介智讯发布的《中国报纸广告市场2014年度报告》显示，2014年报纸广告降幅高达 18.3%，比上年多出 10 个百分点，杂志降幅为 10.2%，也大大超过上年降幅。

纸媒的人才流失速度也在加快。2014 年，南方报业传媒集团聘用员工中有 202 人离职，且以记者编辑为主，这一数据在 2012 年、2013 年分别为 141 人、176 人。

纸媒人正在大规模地逃离。

被誉为"媒体金主"的广告大户企业联想，2012 年就将传统媒体上的广告投放预算砍到 1 个亿，2013 年则进一步缩减到 4000 万元，使饮水思源的传统媒体大为恐慌。2014 年，中国家电巨头海尔发函宣称将停止投放杂志硬广告，张瑞敏在互联网创新大会上说："现在是移动互联网时代，和 PC 互联网不一样。消费者不是'去购物'，而是'在购物'。所谓'去购物'，就是我到商场去了；但现在是我'在购物'，我在车上可以购物，在家里也可以购物，吃饭可以购物，随时都可以购物。"

危机并非局限于纸媒。

电视人也面临着一个令人恐惧的现象：电视的开机率在下降。好像大家一夜之间都不爱看电视了。还能围坐在电视机前的人年龄越来越大，多是一些白发苍苍的老年人。业界流传着一句自嘲的玩笑话——"得大妈者得天下"。

电视真的老了？

新媒体的发展使电视媒体遇到了前所未有的尴尬，一个权威

● 电视进入"得大妈者得天下"时代。

的例子是，CNN 在 2014 年第二季度创了收视率历史最低，它的收视人群从 2008 年最高峰的 1500 万下降到了 58 万，是 21 年来最低的收视率。

人们拔掉了电视插头。

美国媒体报道，电视行业陷入了前所未有的困境。有人预测电视正在走向衰亡，收视率面临崩溃。据花旗研究机构（Citi Research）称，广播电视和有线电视的收视率，最近一直呈现出负增长。在 2013 年第三季度，时代华纳有线电视公司失去了 30.6 万个电视用户和 2.4 万个宽带网络用户。总体而言，从 2010 年年初到 2013 年年底，约有 500 万人取消了订阅有线电视和宽带。

这是一个重大的历史转折点，观众已从观看电视转向了在互联网或移动设备上观看视频——包括电视节目和电影。

用户在移动设备上观看的视频数量早已超出了人们的想象。约有 40% 的 YouTube 流量来自移动设备。

平板电脑占用了人们观看电视的黄金时间。

iPad 和其他平板电脑有时候被称作"吸血鬼"媒体——它们往往会夜里出来抢占人们收看电视的时间。

广告费用正从电视转移到各种形式的数字媒体上。

在前所未有的困境中，有线电视公司对日益减少的用户征收了更高的服务费。分析师称，"实际上这是一种饮鸩止渴的做法"，它让收入较低的用户被迫出局，从而让电视行业失去了更多的眼球。

时代华纳有线电视公司CEO格兰·布里特说，更为可怕的是，该行业一直不承认竞争对手强大。他认为有线电视行业花费了太多时间来否认竞争。

"就竞争来说，我们是有竞争对手的。我之所以这么说，是因为在12年前我首次走马上任时，我就认为有线电视行业，包括我们的公司，一直在否认我们面临着真正强大的竞争对手。而且，我还听到我的同事说了一些轻视竞争对手的话。当然了，每个竞争对手都有自己的优点和缺点，就像自己一样。但是，它们毕竟生存了下来，所以我们需要提高我们的竞争力。"

拒绝有线电视和宽带互联网的用户很可能会选择免费Wi-Fi。

免费的Wi-Fi到处皆是，办公室里、咖啡店里和校园里。它让用户能够更轻易地获得他们想看的节目、电影和视频，而不需要付费订阅有线电视或宽带服务。

美国有57个城市提供免费Wi-Fi。思科与Facebook也联手向酒店等公共场所或零售店的消费者提供免费的Wi-Fi服务。对于某些人来说，他们完全没有必要在自己家里安装有线电视或宽带服务或广播电视。只要在免费Wi-Fi热点的服务范围内，他们就可以自由地上网观看各种电视节目。

　　我们面对的现实是：传统媒体行为方式，几乎都要被改变，传统媒体所走的道路，目前都已经荆棘丛生，传统媒体的思维习惯，已经彻底地被颠覆。

　　传统媒体四面楚歌。身边一群狼，身后一群虎。一时间传统媒体消亡论兴盛传媒江湖。

　　如果凤凰卫视不改变，人们就不再选择你。

2

··

　　曾几何时，传统媒体对互联网媒体是瞧不上的，没有原创，没有思想，没有专业人士，东抓西抄，南粘北贴，有侮斯文。但是，转眼之间，传统媒体就成了败军之将。

　　为什么传统媒体在互联网媒体的步步紧逼下节节败退。

　　因为经营思路完全不同。

　　一个是收费的，一个是免费的。

　　一个是以内容为王，一个是以用户为王。

　　一个是我说你听，一个是可以互动，共同讨论。

　　当然也可以与他们对着干：与互联网采取一样的免费模式。

　　也可以让内容强大到用户宁愿放弃免费的"快餐"也要去吃内容丰盛的"正餐"。

　　还可以让受众如同记者、主持人那样在媒体上发表自己的新闻、言论与图片。

这些要求对传统媒体来说,似乎都属于天方夜谭。

3

：

　　最大的警示来自媒体收入的情况对照。

　　美国《财富》杂志网络版 2015 年 7 月撰文称，Facebook 正在积极推进一项名为"即时文章"（Instant Articles）的新功能，而传统媒体行业则在激烈讨论这种功能对出版商的市场潜力。根据一系列协议，《纽约时报》和 BuzzFeed（美国一家新闻聚合网站）等媒体公司将在 Facebook 的 iOS 版应用内"发布"文章，借此覆盖庞大的受众——对于 Facebook 和媒体公司来说，这可谓是一个双赢的局面。

　　但是，也有一些人对这种合作"很不爽"。马修·英格拉姆（Mathew Ingram）就认为向 Facebook 提供内容是一种危险的交易，道琼斯 CEO 最近也警告媒体公司高管，不要像"无头苍蝇"一样达成他们无法控制的内容合作协议。媒体公司与 Facebook 的合作究竟会带来怎样的影响，目前就下结论还为时尚早。但若想搞清楚一些人担心的原因，请先看一看下面这张图，该图显示了"合作伙伴们"在动物王国中的相对高度：

在这个动物王国中，Facebook 在 2014 年的营收就相当于狮子的高度，而新闻集团 2014 年的营收只相当于鸭子的高度。我们用一些常见动物的高度来显示权力失衡这种问题。

这张图是基于年度营收制作的，充分显示了两大传统媒体公司——《纽约时报》和新闻集团（《华尔街日报》的出版商）以及后起之秀 BuzzFeed 的营收状况。然而，这三家公司的营收规模都远远小于"狮子"Facebook。

在动物世界，高度并不一定能转化为力量，但不同的动物仍然能反映出 Facebook 和媒体公司在现实世界的实力变化。Facebook 可以源源不断地给媒体公司带来在线流量，但正如历史经验所表明的，它也可以轻而易举地将这些流量重新拿回去。此外，媒体公司却没有什么办法来制约 Facebook——如果其中一家媒体公司决定退出，Facebook 可以用其他媒体公司轻松替代它的位置。Facebook 已经与英国《卫报》和美国《国家地理》杂志达成了合作，还有其他一些媒体公司也渴望与 Facebook 携手。这或许正是新闻集团（该公司高管曾警告同行别像"无头苍蝇"一样）以后不得不与 Facebook 签约的原因。

　　如果你是一家媒体公司，那么未来前景更加不容乐观。正如此图所示，Facebook 与传统新闻媒体之间的营收趋势截然不同：

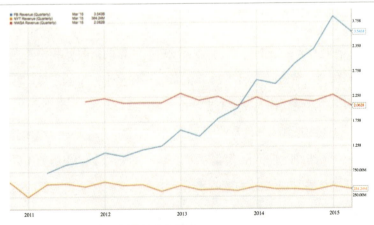

● Facebook 与传统新闻媒体的营收状况

正如你所看到的，Facebook 的营收增长十分快速，而纽约时报公司和新闻集团的营收增长则陷入停滞状态。与此同时，Facebook 在新产品方面投入巨资，包括像视频这样的媒体工具，而媒体公司却境况不佳，被迫进行裁员。

这张显示 Facebook 和媒体公司在"动物世界"不同高度的图片，最终给我们带来了哪些启发？说实话，我们并未从中获得什么启发。不过，它的确提醒我们，谁最终将吃掉谁。

美国生态学家奥德姆在其《生态学基础》中认为，物种间正相互作用表现为双方或几方的相互有利或相依为命。在不利的情势之下，抱团取暖成为最先想到的主意。

于是，就有了 2005 年中国都市报 20 多位老总的《南京宣言》，6 年后，又有了世界各地 40 余个城市广播媒体高管的《北京宣言》。这些宣言充满豪情却缺少约束力，根本无法成为报纸、电台对抗网络媒体的救命稻草。正如中国都市报研究会会长席文举所说，发布《南京宣言》只是表明一个态度。或许，传统报纸终会无可避免地走向衰退，努力，只是为了让这个脚步缓慢一些。

抱团取暖，最大的可能是一块冻死。

刺猬困境，来自一个寓言，是关于人类关系的著名比喻。

寓言说的是在寒天里刺猬们想挤在一起取暖，然而挤成一团后它们会被彼此的棘刺刺伤，所以又得散开。最后它们找到彼此相距的最佳距离，既不会碰到彼此，又可享受彼此的一些温暖。

● 刺猬想抱团取暖，然而挤成一团后它们会被彼此的棘刺刺伤。

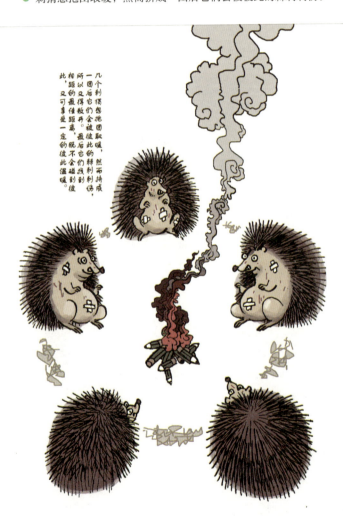

几个刺猬想抱团取暖，然而挤成一团后它们会被彼此的棘刺刺伤，所以又得散开。最后它们找到彼此相距的最佳距离，既不会刺到彼此，又可享受一定的彼此温暖。

这个寓言出自叔本华（Arthur Schopenhauer）1851 年出版的两卷以格言体写成的《附录与补遗》。叔本华用刺猬的寓言说明，如果一个人自己有足够的温暖，那他／她就不需要为了与他人交换温暖而进行社交互动，并承担由此产生的心理厌恶。

现在，"扎堆"不能互救，自身也没有足够的温暖用于生存，坐以待毙不能接受，怎么办？

4

互联网的精英们说，传统媒体没救了。他们不无嘲讽地调侃说，看看他们的年龄就知道前程了。互联网企业的管理层年龄大都在 30 多岁，而传统媒体的老总们都是奔五奔六的人，他们不太懂互联网，缺少互联网思维，胜败似乎不言自明。

但是，他们忽略了一点，这些老江湖哪个也不吃素。让我们看看在严峻的形势下，传统媒体的大佬们都干了些什么？

_CNN：台网融合

CNN（美国有线新闻网）是世界闻名的新闻电视台，其首创的 24 小时新闻直播，以最快的速度对重大新闻及突发新闻进行现场采访，他们通过报道海湾战争、"9·11"恐怖袭击等重大新闻事件，给自己带来了巨大的成功。

面对来自互联网时代的竞争，CNN 在台网整合上下了大气力。

一是将自己的网站建成媒体融合的平台和试验场。

1995 年，CNN 创建了自己的网站，旗下包括新闻网、财经网、体育网及美国政治新闻网等 10 余个子站点。据 CNN 的官方说法：CNN.com 每月有 3800 万独立访问者，17 亿人次的页面访问量，以及 1 亿人次的视频浏览量。而其全部访问页面数则达到 1210 亿。积极推进电视与互联网的融合，将节目形成"线上互动""电视网播出"和"线下服务"相结合的"三点多面"的传播网络。CNN 网站上既有视频、音频广播等传统媒体形式，也容纳了桌面新闻（Desktop Alert）、播客、互动新闻（iReport）等新媒体形式。线下服务包括旅行信息服务（Hotel Partner）、Twitter 等。CNN 和新兴社交媒体 Facebook 建立了紧密的合作关系，从而填补了新闻传播受众的盲点，借此打尽"漏网之鱼"，以增加自己在国际上的影响力。

二是与移动设备的融合。

与移动设备的融合也是 CNN 媒介融合的重要措施。早在1992 年 2 月，CNN 就建立了专门通过移动设备向世界各地提供新闻及信息服务的"CNN Mobile"。据称，CNN 在 24 个国家提供服务的 CNN Mobile 的客户已经超过 9000 万人。CNN 在各个区域设置了面向互联网及移动电话网的信息发布点，实现了信息传送手段的多样化。从 2005 年开始，CNN 无线与高通合作，其节目内容可以在高通的手机电视服务上进行测试。这期间，CNN 还与三星、LG、诺基亚等手机制造商合作，在部分手机机型中内置了"一键进入"的 CNN Mobile 频道。

三是跨平台销售。

台网融合后的电视网要扩大经营，CNN 横跨互联网、流媒体和无线通信网三大平台，并不断探索跨平台营销方面的增值服务。包括对内容进行再包装和营销，提供跨多媒体渠道和格式的内容，提供更快速、方便的数字内容，通过众多不同的媒体形式销售、出租或免费推送。据称，CNN 2010 年营业利润大幅增长，而其中 80% 的广告销售收入来自捆绑了不止一种服务的跨平台销售套装。[1]

---

[1] 张聪（中国传媒大学传播研究院博士）、张焕萍（中国传媒大学传播研究院博士）：《电视融合变革》。

一般认为，CNN 此轮改革的实质，"是对一种老旧的商业模式的升级换代"。

CNN 新任主席杰里夫·苏克尔说："娱乐化、数字化，尤其是向手机新闻的转型，这三者结合起来，是目前的电视趋势。按照这种思路进行的电视改革将使 CNN 迈过时代的鸿沟，站在竞争的前沿。"

CNN 的媒体融合，是传统电视媒体利用新媒体技术，以及新媒体平台，而进行的一次覆盖内容、技术、传播、平台、管理的全流程改造。由一个传统意义上的电视机构，转变为适应于多屏传播的小而精的新型媒体集团。

改造后的 CNN 多屏传播构架为：电视 + 官网 +APP 应用。在媒体融合体系下，CNN 的新闻分发已经由以"电视用户"为主，转向"电视用户"+"移动互联用户"的 H 型结构，并在此基础上建立了新闻多屏互动体系。

_BBC：创意未来

人们很难想到，一向以"严谨保守"著称的 BBC 却成为全媒体化的先行者。

这位全球广播电视网络的老大哥，以其沉积多年的职业敏感与前沿嗅觉，早在2006年就提出了"BEYOND BROADCASTING"（超越广播）为核心的"创意未来"新媒体战略计划。

为实施这项关系到BBC生存前景的"创意未来"计划，BBC对自己的内部机构设置进行了大手术：

一是把以前独立的电视、广播和网络新闻运营平台整合成一个世界最先进的跨平台多媒体新闻中心。2007年之后，BBC广播新闻、网络新闻和电视新闻这三大部门已经不复存在，取而代之的是一个新编辑系统。三大部门的功能被重组为两个部门：一个是多媒体新闻部，一个是多媒体节目部。BBC编辑部融合的主要目的是实现人力资源共享：一方面，处于新闻现场的记者，可以同时完成两种以上媒介形式的稿件，从而可能带来"叙事形式"变化；另一方面，编辑部可以将前方记者发回的稿件进行综合或分发，供两种以上媒介采用。

二是将节目制作有关的部组归并为新闻、图像、语音及音乐三个部门。2006年，BBC将娱乐、喜剧、戏剧、儿童节目等部门融合成一个新机构"视觉（Vision）"团队，2007年更名为BBC Vision Production，是目前世界上最大的内容生产团队，拥有4000多名员工和自由创作者。这个团队提供的视频节目内容可以在手机、互联网、互动电视、数字广播等全媒体平台播出。

三是设立未来媒体和技术部，统一管理全部新媒体平台及网络，并和 Facebook、Twitter 和 Bebo 签署成为合作伙伴。

四是主打互动与服务。BBC 的在线网站更倾向于服务受众。BBC 的在线服务，主要包括信息服务 BBC News、Sport 等，广播和视频点播服务则有 BBC iPlayer、学前教育网站 Cbeebies、Bitesize 在线学习服务。BBC iPlayer，是一个网络电视和网络电台平台，电视节目多数为回放节目，电台则多是直播。85% 的访问来源于计算机，其余来自 iPod、iPhone 和 PS3 等 15 种平台。其服务宗旨为"一个节目也别错过"。这项服务改变了电视节目只能在固定地点和时间收看的方式，让受众能够自由决定自己收看节目的方式。

BBC 将网站变成一个井井有条的仓库，受众可以按照自己的需要，很方便地得到想要的东西。

五是持续创新。2011 年提出"连接战略"（Connected Strategy），强化观众在手机、平板计算机、桌面计算机和智能电视机上的收视体验；2013 年 10 月，BBC 设置 iPlayer 主管一职，将所有播放软件整合到 iPlayer 之中；2014 年 3 月，成立一个新的数字创新部门，并将其命名为"游击队"。这个数字创新部门的主要职责是根据新媒体环境的特点开发和利用 BBC 的内容，在整个 BBC 中扮演着数位创新的领头羊和催化剂的角色。

默多克的"水泥墙"和《纽约时报》的"篱笆墙"

"他们是互联网大肠中的寄生虫。"默多克新闻集团旗下的《华尔街日报》总编罗伯特·汤姆森曾这样评价谷歌。

一直想坐上世界媒体头把交椅的默多克在互联网的围追堵截中，突然发难，他愤怒地谴责谷歌窃取了版权："我们是否应该允许谷歌盗取我们的所有版权内容？如果你拥有诸如《纽约时报》或《华尔街日报》这样的品牌，就不应该允许谷歌这样做。我们完全可以对谷歌加以谢绝。"

针对默多克的这番言论，谷歌发言人表示自己公司所发布的各种内容，完全遵守了美国版权法的相关规定："我们仅仅在谷歌网站上提供了标题和内容提要。如果网民希望看到全文，则需进入发布该内容的报社网站。"谷歌方面还强硬地表示，如果报社愿意，他们可以把内容从谷歌搜索中自行拿掉，"如果内容出版商不愿我们抓取他们的内容，只需通过简单的技术处理，就可把特定网站的内容排除在谷歌网络链接索引之外"。

默多克行动了。2010年5月25日，当早已习惯在网上看免费新闻的《泰晤士报》读者再次登录该报网站时，自动转向了一个新网址。《泰晤士报》的公告称，注册用户阅读《泰晤士报》

● 默多克的"水泥墙"和《纽约时报》的"篱笆墙"

和《星期日泰晤士报》这两份报纸的新闻需缴纳每天 1 英镑或每周两英镑的费用，以"确保《泰晤士报》225 年来一直赖以生存的创新，能够在未来得以继续"。

默多克称这是一场"阿莱西亚之战"。阿莱西亚之战是古罗马军队对高卢军队的一场战争，古罗马军队靠修筑围墙战胜了被围困的高卢军队，他想依靠"付费墙"战胜互联网上的"寄生虫"。

不过，此招一出，《泰晤士报》网站的访问量一下子减少了80% 以上。

互联网人士称，这是纸老虎的哀鸣，是逆潮流而动。

《Future》杂志 CEO 史蒂维·丝蓓琳认为，默多克的"付费墙"计划终将失败，因为它与"市场准则"，也就是消费者看待数字版内容的态度相悖。这是一个只有默多克玩得起的游戏罢了。

无独有偶，百年老报《纽约时报》随后于 2011 年 3 月也推出了"付费墙"业务。不过，他们所建的"付费墙"模式与默多克的并不一样。有人说，《泰晤士报》建立的那类"付费墙"是"水泥墙"（hard wall），读者不注册不付钱就无法看到网站的内容。但是《纽约时报》的"付费墙"被称为"篱笆墙"（porous wall），是"设限免费"（free up to a point），也就是说，该报的网站内容在一定数量之内始终是免费的，超过这个限度才收费。该报最初规定，读者每个月只能免费阅读 20 篇文章，超过限额就会收费，后来又改为 10 篇为限。同时特别规定，通过

Facebook、Twitter 等社交网站链接到时报网站不收费，在一定限量内还可以通过搜索引擎免费链接到时报网站。此外还有不少方法可以相当容易地利用其他技术"漏洞"穿过其"付费墙"。

有分析人士指出，《纽约时报》看来是有意识地在"墙"上留下这些"漏洞"而不去刻意地堵塞它们，从而使有兴趣读报却不愿意付费的读者仍然可以轻而易举地看到其想看的内容，这样做的目的是在推广订阅的同时，又保证网站流量不会出现大幅下降。

《纽约时报》的"付费墙"收入部分地弥补了广告收入的持续下降，数字产品平均发行数超过了印刷版，成为西方报业向数字化转型的竞相模仿的目标。

2014 年 5 月，《纽约时报》发表的调查报告说："付费墙的成功，不仅证明我们对受众的持久价值，还使我们的财务保持稳定，并在战略上清晰地描绘出前进路径。随着订阅收入首次超过广告收入，新闻编辑部和经营部门的同事在服务受众使命方面比以往任何时候都更加一致。此外，波士顿环球报等资产的出售以及国际先驱论坛报的品牌重塑，也让公司领导层能够重点聚焦纽约时报的革新。"

根据《经济学人》的报道，"付费墙"已在西方报界成为一种潮流。2012 年美国已有 25％的报纸借鉴《纽约时报》的经验建立了某种形式的"付费墙"。566 家报纸与专业公司 Press+ 签订了"付费墙"建设合同，其中 400 家已经建立"付费墙"。美国最大的报业集团甘尼特公司 2012 年将其下属 82 家地方性报纸（不包括全美发行量最大的《今日美国》）"建墙"，其年度财报显示：当年数字产品收入增长 19%，达到 13 亿美元。该公司股票扭转 2011 年下滑趋势，从不足 10 美元回升到目前的 20 美元。目前加拿大、澳洲、巴西、德国的一批主要报纸也已放弃网络内容免费的策略，建立或决定建立"付费墙"。

综上所述，国外传统媒体的全媒体试验相当成功。

《纽约时报》认为："这一成功始于新闻。在数字时代，一个媒体公司在要面对的所有挑战中，日复一日地生产优质的新闻依然是最困难和最重要的。我们的日常报道深入、广泛、智慧并具吸引力。我们的记者和编辑是业内最好的，并且他们经常拿自己做实验推动我们前行。在图表、交互新闻、计算机辅助报道、数字设计、社交网站和视频的帮助下，我们的故事讲述内容丰富而深入。在新闻这个最重要的竞争领域，我们已经大大地领先于竞争者。"

"每一年，数字业务和传统业务的融合都会前进一大步；每一年，新媒体平台的覆盖范围都在大幅度拓展；每一年，我们都会生产出更多的具有开创性的数字新闻产品。"

传统媒体并非纸老虎，每天浏览一下各大网站发表的头条新闻及各种报道，就知道它们的坚守是多么必不可少。

第四章

中国报业的全媒体试验

互联网像一个幽灵在中国大地徘徊了许多年，2015 年达到互联网的恐慌，不少企业家愿意投入所有的身家去转型，我认为到了不太理性的程度。很多人说马云太坏了，把线下生意都毁掉。大家有没有常识？我们的线上商业占所有的商业不到 5%，5% 可以毁掉 95% 吗？我这个文科生都不认同。

——罗振宇（"罗辑思维"创始人）

1

:
:

　　暨南大学新闻与传播学院副教授麦尚文认为，全媒体是中国融合新闻业的一种新思维，是区别于传统新闻业的一种新理念，中国报业传媒转型过程中的一个核心命题。为此，他经过长时间的田野调查，对中国内地报刊不同方式的全媒体试验进行了跟踪采访，并取得了一些有标本意义的研究成果。[1]

[1] 中国报业全媒体变革的试验与数据，引自麦尚文：《全媒体融合模式研究》，中国人民大学出版社，2012年版，第119～154页。

人民日报："报网双核"模式

所谓双核，顾名思义，就是两个核心，即"传统媒体与新兴媒体并举，建设全媒体传播格局"。这个战略格局有两个核心：一是建设国际一流媒体的总体目标；二是构建两个系统——形成舆论引导新格局与建设现代传播体系。这是一个十年规划，第一个五年，"报网并举"，第二个五年，报网一体化。人民日报的全媒体试验取得了一定的成绩，人民网的发展非常好，其访问量在全国网站中排名第237位。强国论坛成为人民网的知名品牌。但是，这种"双核心"并举的战略由于核心有两个，深度融合必然存在结构性的缺陷，双方各自生长，各为一个核心，各建一支队伍，各形成一套生产流程，使将来的融合更加困难。

人民日报新成立的新闻协调部负责人说，由于传统机构的惯性较大，报社的全媒体思路虽然清晰，但生产流程及组织架构上仍未形成全媒体生产链，诸多方面在体制、机制上尚未理顺，实际处于融合发展的早期阶段。

但是，对于这支传媒"国家队"来说，能在媒体融合发展上不懈探索，十分可贵。他们"一次采集，多种生成，多元传播"的发展定位取得了一定的收获，人民日报的官微、公众号及APP

都营造出了不同于报纸母体的新鲜舆论氛围，在互联网上赢得了一定的江湖地位。

解放日报报业集团："终端"模式

解放日报报业集团是国内最早提出新媒体战略计划的。他们的战略是4个"i"：i-news（手机报）、i-mook（数码杂志）、i-paper（电子报纸）、i-street（公共新闻视屏）。试图通过这4种不同的终端形式，对各个细分市场的受众实现无缝覆盖。

解放日报的方法是新闻生产的前端不做颠覆性的变动，而是着力于对下游产品终端的占有。他们对全媒体的理解可以概括为3个"全"。第一，"全"是流程上的全面到达。第二，"全"是以报纸为起点对所有介质的边界突破，占有所有的媒体形态。第三，"全"是在"链接"上实现体制链接、技术链接和平台链接，建立开放的关系网络，从而改写报业的核心竞争力。

这样做的好处是可以克服传统媒体没有数据库，不了解读者需要的弊端，以新媒体的新思维、新技术为市场提供更精准、更有效的服务，传统媒体也可以在新技术的推动下，改变自身，从而获得新生。

这种企图以终端需求促进变革的方法也有局限：一是新媒体终端从报业母体中延伸出来，报业老平台与新媒体平台还是两套人马，两种思维方式，深度融合无法实现。二是终端布局的盈利模式虽然清晰，但报业在技术上的先天不足制约了终端的更新，你的终端没有别人的终端先进，影响了终端布局的效果。三是以终端为平台的新媒体生产系统未能形成反哺报业内容生产系统的规模化信息来源。研究认为，解放报业有必要增设前端融合的战略构想。

就在解放报业的全媒体突击貌似困于瓶颈之中时，2013年，解放日报报业集团和文汇新民联合报业集团整合重组的上海报业集团正式成立，不久，人们发现脱胎于上海报业的互联网新闻平台"澎湃新闻"悄然上线。

澎湃新闻是"专注时政与思想的互联网平台"，也是上海报业集团改革后公布的第一个成果，主打时政新闻与思想分析。同时，澎湃新闻结合互联网技术创新与新闻价值传承，致力于新闻追问功能与新闻跟踪功能的实践。

由于财力强大，澎湃新闻初期已有三四亿元人民币的投入，人员配备近400人，在全国和国外相继配备了属于澎湃的摄影师。因此，澎湃新闻一上线就有网站、WAP、APP客户端等一系列新媒体平台，做出一批比较有影响力的微信公众号，如中国政库、中南海、打虎记、人事风向、一号专案、舆论场、知识分子等。

最有趣的是他们的"问吧"，这是一个互动平台，重大的新闻事件、时政、商业、财经、娱乐方面的消息都可向专业记者发问，并能得到知情采访人的回答。

这里有一个非常值得我们思考的部分，也是我认为凤凰在全媒体道路上需要研究的一个话题，这就是澎湃新闻最大的创新在于什么？基于问题与追踪的创新实践，可以将新闻事件的影响力拉长，引爆话题性传播，提醒了传媒，延伸新闻话题。

未来的新闻不会仅停留在对事件的报道上，而会以一种动态的方式，如同原子裂变一样在新闻颗粒间建立链接，受众将被赋予更多的信息选择权。未来的新闻将是活的、不断增长的信息群。澎湃新闻告诉我们，在信息爆炸的时代，这样的方式可能是传统媒体向新媒体过渡的非常重要的一个方向，值得我们研究。

脱胎于传统媒体母体的澎湃新闻，奉行着传统的报纸广告逻辑，即优质的原创内容换取海量用户和巨大影响力，然后二次售卖给广告主。在新媒体的生态版图里，这种盈利逻辑，似乎还是旧媒体。二次营销模式实际上已经走下坡路了，澎湃新闻换汤不换药，采用新媒体这样暂时的载体信报，为传统媒体的母体赢得了喘息和改变的机会，当然也带来另外一个问题，就是它与其母体报业集团的同业操戈，争夺本来就在减少的利益，也值得我们思考。

澎湃新闻的本家兄弟，声称要深耕商业新闻的"界面"也在

2013年9月面世，"界面"联手小米科技、360、海通证券、国泰君安、联想弘毅、卓尔传媒服务于独立思考的人群，并且为这群人在优质新闻体验之外提供社交、投资及职场服务。从运作模式看，界面不同于以往任何一家网站，自称是一家全民参与的商业新闻网站，选题会由用户和记者们一起讨论确定，让用户深入参与新闻生产的各个环节。这种流程的再造是否预示着新闻生产的光明前景或改革方向，都还在探索之中。

南都报系："全线"模式

《南方都市报》报系在2009年正式提出了"南都全媒体"概念。当时，南都报系的报网互动已经运行了一段时间，南都数字报、手机报、3D纸媒都已经有了，基本具备了向全媒体转型的技术条件和内容基础。他们提出了"南都，无处不在"的全媒体口号，雄心勃勃地企图通过业务应用层、公用模块层、数据库热接口层、网络层4个层次的技术平台支撑，成为"全媒体新规则的制定者、监管者和运营者"。

南都报系还在战略层面引入外部智慧，请了著名门户网站的高层管理人员出谋划策。腾讯网总编辑陈菊红提出，未来互联网

● "南都，无处不在"，《南方都市报》雄心勃勃地想成为"全媒体新规则的制定者、监管者和运营者"。

"南都，无处不在"

会像水和空气一样包围我们，传统媒体要颠覆现有的发展模式，"突破想象力，突破我们现在的视野"。网易前副总裁杨斌认为，平面媒体做全媒体转型最大的问题就在于体制。"没有一个好的治理机制，一个好的治理空间，全媒体转型是没有前途的。"基于以上认识，南都报系的全媒体变革是最彻底、最全面的。他们为了打造"全媒体集群"，在报系的运行机制、结构、生产流程与各方关系上进行了变革重构，全线布局，力求实现"全媒体生产、全介质传播、全方位运营"。

但在具体实践中，南都报系的"全线"模式还是面临着不少的困境与制约：

一是重心不突出，在内容、形态、渠道和影响上全面用力，在赢利模式上没有找到大的突破口。二是南都全媒体集群在南都报系内部以及在南方报业传媒集团层面两个维度上获得的战略支持不够，因此全媒体主要还是报网互动、整合为主，很难多点开花。三是没有首先在采编部门进行重组，全媒体的试验都是互联网终端部门在探索，未获得整体配套的支持，缺少全媒体生产机制上的爆破。四是因为南都纸媒本身非常有活力，优秀采编团队全媒体化的变革压力不够大，思维转换不及时。

综上所述，传统媒体的全媒体化已经在全球范围内展开，并逐渐成为传统媒体掌舵人的共识。

变革就有希望，但希望不等于曙光。

　　总体来看，传统媒体的变革缺乏深层互动，旧有机制难以突破的问题比较突出。

　　我们需要警醒的是：

　　变是必须的，不变是必死无疑的。

　　变是要有深度的，不想伤筋动骨的改变不过是饮鸩止渴。

　　变是要有速度的，等你把刀磨快了，对手的长矛已经扎到身上了。

　　在互联网像水和空气一样充满我们四周的时代，任何的怠慢松懈都可能导致传统媒体的死亡。

　　时间真的不多了。

2

全媒体化，走的是一条"摸着石头过河"的道路。在这条道路上，传统媒体与新媒体技术的结合，不是"1+1"的简单组合，而是"1+1 > 2"的融合；融合，是物理变化，也是化学变化，是通过媒介资源的重新配置和内容的实质互动，结合渠道优势与用户资源的把握，把互联网的长处全部吸收进来，把自己的长处分享出去，这样才能出奇制胜。

但是现在看来，传统媒体的脚步还是慢了许多。我发现，凤凰节目的创新跟市场的结合也不够紧密，出现了一些必须改进的问题。为了改变这种状况，我们首先要做到的就是让凤凰节目拥抱新媒体，让互联网的源头活水畅畅快快地流进来，通过互联网的渠道，使我们的核心媒体和精彩内容不因为物理介质（电视、iPad、手机、电脑）的分割，人为地阻碍内容的流动，而是应该利用这几个介质，以符合不同介质需要的方式，符合人的生态规律的形式，服务于我们不同品牌的受众。

人仰着头看东西跟低着头看东西，状态是不一样的。低头与仰头之间，决定了我们的收视率。现在我们经常看到的情况是，人们看电视的时候，手里还拿着手机互动，看到一个好节目就拍下来，通过手机分享出去，经常是看一个内容，多种屏幕一块参与，这跟我们以前大操场看电影的时代完全不一样了。

那时候的傍晚，全大院的人都跑到大操场上，坐在小板凳上看《列宁在一九一八》和《地道战》，列宁还没说话呢，全场人都已经知道列宁要说什么，小孩们甚至提前就把台词说出来了。说明那时的文化生活是多么的贫瘠，一块屏幕就有百分之百的收视。

在凤凰卫视起家的年代，人们只能在凤凰卫视上看到独特的视角、独家的内容、独到的观点，听到独特的声音，所以凤凰卫视有"三名"，名主持人、名评论员、名记者，他们的声音非常有磁性，能吸引人去听、去看。但是现在变了，现在白领人群也好，公务员队伍也好，高端人士也好，在下班回家的路上，在打开凤凰卫视之前，已经通过微信、微博看到了已经或正在发生的爆炸性新闻、内幕消息和各式各样的点评分析和精彩的跟帖，这些互联网平台强力地介入了人们的生活，打破了人们原有的生物钟和生活规律，使得他们越来越少地去触摸电视摇控器了。

● 那时的文化生活是多么的贫瘠，一块屏幕就有百分之百的收视。

传统媒体目前只能有一个选择，就是要想方设法地解决人们选择的困难，让自己的选择成为大众的喜好。

通过大数据分析，通过智能推送，使人们对信息的分享变成一个令人舒适的、愉悦的过程。

互联网时代是一个快鱼吃慢鱼的时代，慢了就会被吃掉。所以我们必须跑起来，但是在落后一大截的情况下，按常规的跑法是无法迎头赶上的，所以凤凰COO刘爽说，要以非常规的、弯道加速超车的办法赶上去。

在赛车道上，直道超车是非常困难的，最好的办法就是紧紧跟随，在转弯的地方，利用自己视野上、技术上、胆识上的优势，一举完成超越。

这也是凤凰拥抱全媒体的办法。

我们想起达尔文的《物种起源》里的精彩片段：说到生存斗争，我们不必为之感到恐惧，死亡的来临通常是迅速的，而强壮、健康、幸运的生物不但能生存下去，而且必能繁衍下去……

● FI 赛车比赛，凤凰弯道超车！

第五章

到底谁是 "王"？

一个新的互联网时代即将到来。这将是一个鼓励分享、平台崛起的时代。靠单一产品赢得用户的时代已经过去，渠道为王的传统思维不再吃香。在新的时代，如果还背着这些包袱，那就等于给波音 787 装了一个拖拉机的马达，想飞也飞不起来。如何铸造一个供更多合作伙伴共同创造、供用户自由选择的平台，才是互联网新时代从业者需要思考的问题。

这个新时代，不再信奉传统的弱肉强食般的"丛林法则"，它更崇尚的是"天空法则"。所谓"天高任鸟飞"，所有的人在同一天空下，但生存的维度并不完全重合，麻雀有麻雀的天空，老鹰也有老鹰的天空。决定能否成功、有多大成功的，是自己发现需求、主动创造分享平台的能力。

在这个平台上，用户将是内容的主导者、分享的提供者。每个用户的知识贡献、内容分享，是这个平台赖以成功、赖以繁荣的重要保障。"少数人使用廉价的工具，投入很少的时间和金钱，就能在社会中开拓出足够多的集体善意，创造出五年前没人能够想象的资源。"

——马化腾

互联网时代，谁是王者?

这是传媒人近来非常热衷的一个话题。有人说内容为王，有人说技术为王，有人说渠道为王，更有激进者说，什么渠道为王、技术为王、设计为王、营销为王，都是瞎扯，只有用户才是王。

王者，平衡天下；王者，君临天下。

探讨谁是"王"，找到互联网时代的"王道"，是媒体经营理念深化，也是全媒体概念的一个重要话题。

● 到底谁是王？ "大王"太多了

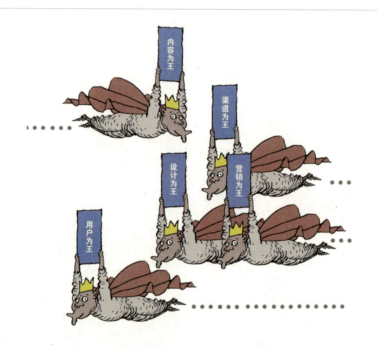

1. 内容为王

"内容为王"，是被传统媒体人奉为圣经的四个字。对于传统媒体出身的人来说，这恐怕是他们本能和天然的看法。文章的质量决定了报纸的销量，广播电视节目的好坏，决定了收听收视率的高低。一份报纸或杂志卖得好，是因为上面的文章好。从某种意义上说，在传统媒体的黄金时期，报刊、广播电视有点像参加科举考试的秀才，不论出身贵贱，只要腹有诗书，文才俱优，就可以一举成名天下知，登堂入室，锦衣玉食。

改革开放后，中国报业一直以强劲的增长势头领跑传统大众传播媒介，1995－2004年全国报纸总印张年年增长，其幅度均在15%左右。一度被视为"朝阳产业"。

但是，时间进入2005年后，情况就不同了。

2005年，全国报纸印刷总量下跌了3.18%，并由此转入下行通道，一路下滑至今。电视也不乐观，北京地区的电视开机率从2009年的70%下降到2012年的30%，40岁以上的消费者成为收看电视的主流。

这一趋势是国际性的。从1995年到2003年，报纸发行量在美国下降了5%，在欧洲和日本分别下降了3%和2%。2009年，美国纽约时报宣布将对版面进行"瘦身手术"并降低自由撰稿人的稿酬，关闭其属下的印刷厂，同时大批裁员。纽约时报在报界具有风向标的作用，这一动作表明该报已意识到其印刷板块正在丧失活力。即使同在做新媒体，传统广播影视机构创办的新媒体的影响力也远远不及互联网企业的新媒体。据美国研究机构2012年7月公布的全美在线视频发布商流量前十名，只有两家广电机构入围，且排名靠后，其余一律是谷歌、脸书、雅虎等互联网企业。

现在，甚至做内容的人都开始质疑内容为王的说法了。

《财经国家周刊》主笔王康鹏说："反思传统媒体今天的窘境，我们错就错在'内容为王'上！那些还在一天到晚喊着'内容为王'的媒体，再不明白这一切，就算死到临头都不知道自己为什么会死！"

他问了3个问题：

优质的内容就有更多的受众接受吗？

受众需要的内容，是越优质越好吗？

好内容就能卖出好价钱吗？

他认为，三个答案的结论都是"No"，在传统媒体时代，内容为王的逻辑是靠谱的，但在互联网时代，已经不是那回事了。

一是信息爆炸、内容泛滥，用户阅读习惯已改变，渠道与终端的价值在不断提升，内容的价值已不能称王。

二是读者需求在变化，更倾向于快阅读、轻阅读、易阅读！媒体需要跟上这个变化，提供满足其需求的内容即可，而不是教条地坚持内容质量越高越好。

三是现代传播即立体传播，要有良好的运营能力才能打响影响力和知名度。靠内容包打天下的时代已经过去，媒体必须要善于传播、精于运作。

但是，如果因此说内容不重要，恐怕也过于剑走偏锋。

腾讯微信在 2014 年 12 月发布了一份报告：《微信用户一天到晚都在干啥》。

调查显示：微信用户平均每天阅读 5.86 篇文章，最多者达

● 微信用户一天到晚都在干啥?

到 20 篇以上，说明深度阅读用户愿意花更多的时间看文章。订阅号有非常多的阅读量来自朋友圈，这符合二八分布原理，20%的用户到订阅号里面去挑选内容，然后 80% 的用户在朋友圈里阅读这些内容。由此看来，有着大规模粉丝号的账号如果不能生产有吸引力的内容，同样无法提升阅读数。

腾讯的结论是，已有大量用户的微信公众号同样面临运营压力。不能完全依赖用户从订阅号里找内容阅读，而要生产更多用户愿意分享和转发出去的优质内容。

靠内容制胜的还有美国的《赫芬顿邮报》。它本身是一个网站，却凭借在内容方面的颠覆性创造超越劲敌纽约时报网站，成为全球访问量最大的英语新闻网站，2011 年实现 3000 万美元盈利。"其颠覆性创造中极为重要的一环，就是内容品质的优化：首先，从纽约时报、BBC 等大牌媒体处招兵买马，挖掘优秀记者投入严肃类报道的制作队伍，不断提升原创报道比例，以此来提升网站的影响力；其次，注重对于高品质博客和高质量评论的开发、利用，这些内容资源也是《赫芬顿邮报》能够逐渐成长为'互联网第一大报'的根基；再次，《赫芬顿邮报》注重利用互联网上的免费资源，加上醒目标题和分类标签，成为其特色内容。通过一系列努力，《赫芬顿邮报》的内容质量一直保持在一个较高水平，其对美国退伍军人的系列报道在 2012 年还荣获了普利策国内报道奖。" [1]

2016 年 1 月 12 日发布的《媒体与公众关系调查报告》显示：在重大新闻及突发事故报道上，民众对传统媒体的信任度高于新媒体 40 个百分点之多，信任传统媒体的比例达 65%，而信任新媒体的人只有 25%。其中，对重大事件的新闻信息，年轻人、高学历者信任传统媒体的人仍居多；但对新媒体，90 后和高学历者信任的人也不少，有 40% 和 37%。

可见，在新传播时代，无论是传统媒体还是新媒体，其核心竞争力之一仍然是内容生产。虽然新媒体的崛起挤占了传统媒体的市场，但绝大多数原创性报道仍来源于传统媒体。

《卫报》专栏作家梅塞德斯·宝姿说："事实上，我们并没有失去读者——只是他们横向分散了。"

那么，怎么才能把横向分散的读者重新聚集？怎么才能把我们高品质的新闻变成产品并真正送达有需要的人手中？

《纽约时报》的探索者也给出了他们的答案："在数字时代，受众拓展的过程更为复杂，往往要使用多种工具，采用多样化的策略。例如，在社交媒体上推送新闻，把新闻重新打包以适应新

---

[1] 林籽舟、谭天：《"全媒体"难以拯救报业》，载《新闻爱好者》，2014 年第 10 期。

平台，针对搜索引擎进行优化，实现个性化以满足受众需求，通过电子邮件和评论直接与受众接触。"

珍妮·吉布森是《卫报》美国版的主编，过去 6 年里，她在协助扩大数字受众规模方面发挥了重要作用。在最近的一次演讲中，她对这一根本性的转变做了很好的归纳："对我来说，最难的是意识到你不会自动获得受众。有纸媒经历的人往往有这样一种习惯思维：只要(稿件)符合主编的标准，上了报纸，就能找到受众。但对数字记者来说，情况则完全不同。在数字时代，（媒体人）必须意识到，你必须去寻找你的受众，他们不会自己主动找上门来，这就是一种变革。"

《赫芬顿邮报》在短短几年时间里受众总数就超过了《纽约时报》，该报一位前高管告诉我们，想要提高到达率，必须换一种思路来看待"发表"这个词的含义。"在《纽约时报》，对于作者和编辑而言，'发表'通常意味着报道完结，但在《赫芬顿邮报》，'发表'是一篇文章生命的开始。"

一度，网站主页是我们向受众展示新闻的主要工具，每月有数以百万计的受众来访问。但是，网站主页的影响力正在衰退。在我们的受众中，访问主页的还不到一半。如今，越来越多的受众出现在脸谱等社交媒体上，他们期待我们通过电子邮件或"新闻提示"等方式主动找到他们，而不是相反。[2]

看来，问题不是出在"内容"本身，而在于"到达"的方式。当传统媒体在"到达"的方式上可以与新媒体一较高低时，新媒体的那些所谓优势将不复存在。

二、技术为王

星星还是那个星星，月亮还是那个月亮，内容还是那些内容，为什么报刊发行量会大幅下滑，电视收视率会下降？媒体人开始把目光投向了新技术。

互联网时代存在这样一个法则——长尾理论，技术正在将大规模市场转化成无数利基市场。我们可以称之为，长尾上的赢家通吃，也意味着，每一个利基市场都会产生赢家通吃现象。而开放性创造公司能够创造一个"生态圈"，这个"生态圈"将为市场提供无限的接触平台，从而为企业赢得竞争。

传统媒体必须通过技术进步得到这样的平台。

---

[2]《纽约时报创新报告（2014）》，中国社会科学网，http://www.cssn.cn/xwcbx/xwcbx_gjsy/201407/t20140724_1266492.shtml

　　《纽约时报》在调查报告中说："在数字时代面临的众多挑战中，制作一流的新闻产品是最艰难的。我们的日常报道深沉厚重、议题广泛、富有智慧且引人入胜，我们在与同行的竞争中遥遥领先。但同时，我们在第二个关键领域，即把我们的新闻产品送达读者的艺术和技术方面，却落后了。我们总是关心新闻产品的影响范围，但是要在数字时代找到行之有效的办法，我们做得还远远不够。"

　　《纽约时报》以"竞争者小抄"的方式，将那些技术领先的新闻网站罗列出来：

BUZZFEED

　　由乔纳·佩雷迪（Jonah Peretti）于 2006 年创建。BuzzFeed 通过运用数据帮助新闻以病毒方式扩散，从而建立了大量的读者群。该公司因灵活尝试多种报道格式而为人所知，现正招募新记者进军传统报道领域。独立访问量 1.3 亿，2013 年收入 4000 万美元。

《赫芬顿邮报》（THE HUFFINGTON POST）

　　《赫芬顿邮报》是美国当今最具影响力新闻博客网站，号称是第一份互联网报纸。于 2011 年以 3.15 亿美元出售给美国在线，在 2008 年总统选举期间迅速流行。除了原创报道，该网站还发表外部撰稿人的文章，并汇集来自时报和其他新闻来源的内容。2013 年美国用户平均浏览量 3200 万，11 月达到至高点 4000 万（《纽约时报》3300 万）。其成名点是开放的评论平台和大量使用的搜索引擎优化功能和社交媒体。

CIRCA

Circa 是一款移动新闻应用程序，该程序为智能手机聚合多个来源的报道，并将报道所述事件依据其发展脉络重新包装。该程序允许用户追踪持续进展的新闻事件并订阅更新通知，方便用户追踪新闻事件。

领英（LINKEDIN）

领英是为专业人士打造的社交网络。2013 年收购新闻阅读应用创新公司 Pulse 之后，正式进入出版业。现在它正着手搭建由撰稿人张贴原创内容的"影响者"（Influencer）网络。拥有6500 万美国独立访问量，1.8 亿全球独立访问量。总收入 15 亿美元，另有 3.6 亿美元广告投入。

ESPN

ESPN 正通过视频和音频(实况转播和点播)、运动类工具(梦幻足球和比分通知）以及主打明星记者的亚品牌，如记者比尔·西蒙斯创办的大众体育和流行文化博客网站 Grantland，记者纳特·西尔弗创办的统计数据分析网站 Five Thirty Eight，来扩展其数字产品供应。

介质（MEDIUM）

由推特前首席执行官埃文·威廉姆斯（Evan Williams）创立，介质是一个允许任何人写作和发送内容的开放式发布平台。介质的编辑团队会筛选最佳内容组成"合辑"。读者可以关注合辑或个别作者。

第一眼传媒（FIRST LOOK MEDIA）

这是一家新兴数字新闻风险企业，受到 eBay 联合创始人皮埃尔·奥米迪亚 2.5 亿美元资金支持。它已招聘诸如格伦·格林沃尔德（Glenn Greenwald）、劳拉·鲍崔斯（Laura Poitras）和马特·塔伊比（Matt Taibbi）这样的明星记者主动出击，报道重大事件。

石英（QUARTZ）

石英是一家商业新闻网站，由大西洋传媒（Atlantic Media）

所有，《华尔街日报》前主编凯文·德兰尼（Kevin Delaney）任总编辑。它运营一个移动最优化网站，而非本地应用程序，通过发送每日新闻邮件来扩大读者群。以编辑定期推出的名为"着迷"的栏目代替传统的新闻条线或板块。拥有 5 万日邮件订户。

飞丽博（FLIPBOARD）

飞丽博是一款为手机和平板电脑设计的高视觉化新闻聚合软件。该软件内容是聚合各种出版物中的文章后，按主题进行分组。读者可追随其合辑、话题或者出版物。是《纽约时报》移动数据流量第三大驱动器。

《纽约时报》列出的这九个竞争对手，无一不是互联网时代新技术的佼佼者。

我们发现，新技术对传统媒体从四个方向有所"颠覆"：

其一，颠覆了点对点的传播路径，这种路径一般来说效率低且范围狭窄，而在社交网络上的新闻提要、转帖或者微博上的短消息，能让所有在这个平台上的受众同时接受这一资讯。

其二，颠覆了读者的传统阅读习惯。Web 2.0 时代，读者阅读的行为由"搜索"变成了"发现"：通过报纸或者杂志，读者的阅读行为几乎完全基于个人检索——无论是自主抑或被动的，只有抱着足够明确的目标，才能有效地获得资讯。资讯能通过一个"新闻提要"或转帖、被推荐到门户首页的博客等被随机推送到我们面前，阅读演变为充满惊喜的"发现"过程。

其三，颠覆了媒体从业者对信息权威性的垄断。从内容制作者来看，无论是个人还是媒体专业人员都被授予了发布内容的权力；从信息的内容上看，个人用各种无线终端上传的视频、图片甚至一行文字都构成了可阅读的内容。

其四，颠覆了媒体的内容供应方式。以往，传统媒体编辑的思维几乎就决定了读者的思维。读者、观众只能被动接受编辑划定的条条框框与信息。但新媒体的内容组织非结构化，没有目录，没有索引，没有栏目也没有页码，用户无须为那些他们不感兴趣的内容付费和投入精力。

这就是新技术为人们提供的新的阅读和收听收看模式。无数的新闻事件的标题、画面经过无数人的筛选和评论后，被按照点击量"选拔"出来，然后带着人们阅读后的"痕迹"（成百上千人的评论），被推送到新的受众面前。

这时候，我们读到的新闻已经不是它刚被发表时的样子，而是变成了一条真正的"活鱼"：它是具体的、感性的、当下的、多元的，聚集了强大的气场。由于它迫使你不得不对其做出或肯定或否定的判断，从而使人与新闻之间的关系发生了改变，它已经不是所谓的技术，而是一种黏合剂，使人与人之间的关系更人性、更理性、更公允、更关爱。

三、渠道为王

敲锣卖糖，各干一行。

2015 年 11 月 11 日淘宝成交量为 912.17 亿元，刷新了 2014 年的 571 亿元成交纪录。而在 5 年前，这一纪录是 52 亿元。淘宝营销平台和渠道让这个并不生产"内容"的电商成为世界富豪。

2014 年，雷军公布小米销售额达 316 亿元，公司估值已超过 100 亿美元。小米几乎以"零投入"的营销模式，通过论坛、微博、微信构建自己的社会化网络营销模式，把小米快速打造为"知名品牌"。

这两家公司似乎在印证现代市场营销理论的一种说法：渠道为王。

所谓渠道，是指媒体产品在其所有权转移过程中从生产领域进入消费领域的途径。

产品营销渠道如同公路交通网、农田灌溉网、燃气输送网一样，要求产品在流动、销售、沟通等方面保持高度畅通，如果出现了堵塞或不畅，就会提高交易成本，影响传媒企业的生存。

传统的营销模式，就是三板斧：媒体轰炸、广告宣传、路演

● 所谓渠道，是指媒体产品在其所有权转移过程中从生产领域进入消费领域的途径。

推广。

传统营销追求的是所谓的"覆盖量"：报纸杂志的发行量，电视广播的收视（听）率，网站的访问量。这种传播方式本质上属于宣传模式，传播路径是单向的。其缺点是没有互动，无法知道受众看到广告后有何反应。

而网络时代的品牌传播，往往是态度狂热且适度极端，特点是简洁粗暴，让人难忘。比如马云在创业之初提出"三个一百万"，即每天销售一百万，每天利润一百万，每天纳税一百万。这三个一百万虽然让人听起来像是天方夜谭，但其品牌传播的效果极佳。三个"一百万"，成了阿里巴巴的代名词。

有学者认为，现在提出的"渠道为王"，重点是指通过新媒体渠道的营销，这种营销模式，主要是从 propaganda（宣传推广）向 involvement（卷入度）的改变，这种营销借助于新媒体进行广泛的信息发布，达到让人们卷入具体营销活动的目的。比如，小米手机的情感卷入式推广："永远相信美好的事情即将发生""年轻人的第一款 ×××""新国货"，都有鲜明的情感指向。而罗永浩一直宣称自己卖的不是手机，而是"情怀"。这些通过情感、情怀让粉丝们"卷入"的营销模式，十分成功地把想要推广的主题或品牌演绎得风生水起。

新媒体营销的渠道主要包括：门户、搜索引擎、微博、SNS、博客、播客、BBS、RSS、WIKI、手机、移动设备、APP 等。

在营销资金充裕的情况下，可以与传统媒介营销相结合，形成全方位立体式营销。

凤凰卫视拓展营销渠道也有独门绝技，就是利用自己的影响力与公信力与最强势的传播渠道合作。2006 年 6 月，中国移动从星空传媒处收购凤凰卫视 19.9% 的股权。根据战略联盟协议，中国移动和凤凰卫视将共同开发与无线媒体内容相关的产品和服务。凤凰卫视可以"以较优惠的条件直接接入中国移动的网络以享受中国移动的用户资源"。这不仅让凤凰卫视成为中国移动的 CP，也将使凤凰成为中国移动的全网 SP 之一。作为当时正苦受渠道制约的凤凰来说，与中国移动的战略联盟无疑为我们进入无线新媒体业务奠定了极好的基础，具有里程碑的意义。

四、用户为王

有人说，在互联网时代下，最大的挑战根本不是你的对手，而是如何搞定你的用户，把他们变成粉丝。

《现代企业文化》杂志社社长易正春说，当传统媒体遇到互联网时，面临的第一个挑战就是互联网的主流模式是免费的。不仅如此，移动互联网时代，用户还可以享受到任何时间、任何地点、

● 用户为王。

用户为王……

任何终端无处不在的信息服务。从新闻到娱乐，从参与到互动，新媒体提供给用户的是完全不同于传统媒体的全新体验与服务。新媒体从诞生之日起，似乎就特立独行地奉行着自己的规则——"用户为王"。

为什么"用户为王"似乎成为当下的一种共识呢？

一是用户的话语权越来越大。

话语权是指一种信息传播主体的潜在的现实影响力，即控制舆论的权力。

话语权是目前文化与传媒研究中出现频率甚高的一个词。葛兰西的"领导权"、福柯的"权力话语"、哈贝马斯的"合法化"、罗兰·巴特的"泛符号化"、鲍德里亚的"仿像"，表现了学者们对话语权的高度重视。

话语权可以决定社会舆论的走向。比如说，"谈什么"就是由话语权决定的，一旦握有话语权的人决定谈什么，其他问题就会被淡化。比如柴静以用户身份自费制作的纪录片《穹顶之下》在短短几天中，点击量突破了两亿次，就是对话语权的一种掌控。

新媒体天生的开放性和交互性优势，使得过去单向接受信息的读者、观众、听众变成了自己也能发布信息的用户，任何人都能以"自媒体"的方式发表自己的见解，发布自己的文字、图片、音乐和视频。有时候，他们在新闻突发事件发布上，甚至能够领先一步，这让传统媒体的"老大"心态不得不赶紧跟着改变，对用户满怀敬畏之心，想方设法地给用户提供表达的平台，增加他们的"卷入度"和"忠诚度"。

让用户掌握话语权，就是让自己掌握更大的话语权。上帝就是这么安排的。

二是用户的需求、行为左右着媒体的收入。

在拥挤的公交车和地铁上，你如今还双手拿着报纸读新闻吗？

如今晚上在家时，你还是一家人围在一起看电视吗？

截至 2015 年 6 月，中国的手机用户已经超过 13 亿，互联网网民规模达到 6.68 亿，手机网民规模达 5.54 亿。手机用户当中，有 40% 的人使用过手机报。报纸正在被手机报取代，无论有多少不舍、多少遗憾，传统媒介夕阳西下已经是既成事实。

在移动状态下阅读，根据每个人的阅读喜好提供更加个性化的资讯，手机媒体所带来的阅读革命正在继续。

用户们的行为正在左右着媒体的收入。

争夺移动终端是传统媒体必须拼命去做的最要紧的事。

中国人民大学新闻学院教授匡文波认为，手机广告的优势即基于位置的广告服务目前并没有被挖掘出来。在日本，一到吃饭的时候，手机上就会有数以百计的餐馆广告发送给手机用户。一进入日本的商场，就会收到这个商场的促销信息。

Frost&Sullivan 中国首席顾问王煜全指出："手机媒体现在有各种各样的尝试，但是谁能够最扎扎实实地去研究用户需求，把

● 在拥挤的公交车和地铁上，你如今还双手拿着报纸读新闻吗？

在拥挤的公交车和地铁上，你如今还双手拿着报纸读新闻吗？

业务打磨得更好，用更新的办法满足用户需求，谁就是胜者。用户量有了，挣钱是随之而来的事情。"

三是多种社会化工具的新用法被发现，分享成为一种新力量。

在历史上，一个先进的工具，只要是被社会化使用了，它能够产生的社会进步是惊人的，如电报、电话、电视。

互联网时代产生的社会化新工具很多，但是最有意义的莫过互动平台了，继电子邮件以后，公告板、社区、QQ、远程会议、移动手机、博客、微博、微信……

人们运用各种社会化互动工具与大众分享自己的文字、图像和视频，并以共享为基础形成社区和实现合作，从而实现资源整合。这种整合会帮助更多的群体出现。这种群体的聚合不受人文和地域的限制，只要有互动的内容或者是价值，相匹配的群体就会出现。

一位美国旅客乘坐飞机时领受恶劣服务，她通过自己的博客发动了一场全民运动，提出《航空乘客权利法案》以保障乘客权利，包含的条款例如"当飞机在空中或地面滞留达 3 小时以上，应供给乘客基本需要"。由于运动的声势如此浩大，连美国国会都被卷入，最后航空公司被迫修订了自己的服务标准。[3]

---

[3] [美]克莱·舍基著，胡泳、沈满琳译：《人人时代：无组织的组织力量》，中国人民大学出版社，2012年版，第10页。

这就是分享的力量，它生猛而富于革命性。

类似的例子不胜枚举。

四是服务意识需要空前加强。

网上有句话说得好：玩技术容易，得用户心难。在全媒体的大趋势之下，媒介的运营方式必须转型：从以传播者为中心转变为以受众为中心。信息提供商和媒介实体的主要任务是"在我的帮助下，你可以做得更好"。提供个性化的内容定制，使这种服务充满"黏性"，贴心而温暖。

中国国际广播电台的惠楠楠认为："传媒产业经营者应当充分认识到服务是软实力、是竞争力，当内容、广告、发行之间的竞争变得难以奏效时，将先进的传媒服务理念贯穿于信息传播的各个环节，会大幅提高媒体的竞争力。"

到底谁是"王"？

我个人认为，传统媒体关于"王者"的探讨，是互联网逼迫、压迫的结果，在重压之下，媒体自觉不自觉地一步步迈进了互联网的门槛。但是，由于这种讨论停留在对互联网时代生存的四个主要环节的分析上，在预设的框架下强调各个方向的重要性，就显得过于中规中矩了。虽然这四个环节都非常重要，谁也离不开谁，一个也不能少，但是，如果我们真正需要颠覆性的革命，那么我想说的是：创新为王。

● 欲戴王冠必承其重。

凯文·凯利说过，在免费经济大行其道的数字时代，唯有稀缺方可促使用户掏钱，这种"稀缺"，可以是内容，可以是渠道，可以是技术，更可以是用户。关键是你有没有足够的底气，让自己的产品配得上"稀缺"二字。

乔布斯从来不做市场调查，但是他非常成功，因为他创造需求，而不仅仅是满足需求。创造需求是全媒体的生命必须承受之重，全媒体要不断寻找人们可能的需求，产品和服务需要不断地更新。

人类历史上每一次大的创新，都引起了革命性的进步。

哥伦布发现新大陆，是人类的远航能力带来的认识世界能力的革命。

瓦特发明蒸汽机，使人类开启了工业革命时代。

法拉第发明了世界上第一台能产生连续电流的发电机，世界进入电力时代。

美国科学家创造了互联网，使人类经济、文化、社会、政治、人性等各个方面产生了深层变革。

乔布斯对电脑和移动电话的革新彻底改变了原有产业，甚至创造了全新的产业，人们甚至把他的"苹果"与上帝的"苹果"、牛顿的"苹果"相媲美。

谷歌、Twitter、微博、微信、淘宝……

当一项创新足够伟大时，我们所讨论的那些所谓的"王"——内容、技术、渠道、用户，都会蜂拥而至。

如果没有创新，不论你的管理多么出色，你的渠道如何通畅，你的用户曾经成千上万，你依然会衰落。

创新也是最难的，乔布斯说过，谁要说创新容易，立刻让他上刑场。

创新来自对完美的渴望，来自难以置信的热情与激情，来自对事业和产品的执迷，来自对未来的预见，来自天才的灵感。

有时，它甚至是可遇而不可求的。

因此有人说，在互联网江湖，没人可以靠一个专利养老，没人可以靠一次创新赢得用户，更没人可以靠博眼球获得认可。

但是无论如何，我们必须去创新，在各个方向、各个层面。

全媒体就是一种创新。它不是一个既有的完整传媒模式，而是具有开放性和前瞻性的试验，它召唤所有的媒体敢于改变自己，具有革命性的思维，从而促成跨越式的发展。因此，全媒体不仅是一场关于内容、渠道、技术的变革，它更是传媒产业对人、组织以及制度的深度变革，这场产业变革代表了先进生产力、先进生产关系和先进思维模式，它将深刻改变中国传媒，并成为推动传媒产业向前的巨大力量，一切传统的思维和组织方式都需要以此为镜，借助这种创新的思维重构自己、革新自己。

第六章

三个"权重"构成的方程式

关于内容、渠道、技术的另类解读

一旦世界被数据化，就只有你想不到，而没有信息做不到的事情了。

在这个利用数据做出决定的世界里，人类存在的目的是什么？难道是为了运用直觉和违背事实？如果所有人都诉诸数据，都利用工具，那时人类的无法预测性即直觉、冒险精神、意外和错误等，反倒可能发挥出更大的作用。

大数据是一种资源，也是一种工具。它告知信息但不解释信息。它指导人们去理解，但有时也会引起误解，这取决于是否被正确使用。大数据的力量是那么耀眼，我们必须避免被它的光芒诱惑，并善于发现它固有的瑕疵。

——维克托·迈尔－舍恩伯格

新媒体崛起，传统媒体的头把交椅坐不稳了。

在这摇摇欲坠的头把交椅的后面，大弦嘈嘈如急雨，小弦切切如私语，有人疾呼"内容为王"，有人高唱"渠道制胜"，有人提出"技术主导"。人们急切地想知道谁是今后的老大。

星云大师讲过"五个手指争老大"的故事。大拇指说："我老大，因为我体格好，你们其他的手指都听我领导。"食指不服气："民以食为天，我食指到哪里，你们就去哪里，你们怎么能不听我的呢？"中指说："我最长，我在中央，你们要统统听我的。"无名指说："你看人家的钻石戒指、金戒指都套在我身上，我是珠光宝气，最富贵。"小拇指说："我最小，不过，当我对好人、圣贤、父母、师长一合掌，是不是我和他们最靠近呢？"

一个手掌，是个整体，五个手指，个个连心，少了哪个也不行，如果只强调其中一部分的重要，伤害的是整体。

换句话说，讨论谁是"王者"没有太多的意义，而想办法把它们的优势全部集中在一起才是真正的王者之道。

全媒体也许就是选择。

当前的传媒发展有点被技术"倒逼"的味道。互联网技术一路杀来，使传媒业长期以来形成的平衡被打破。数字化资讯在速度、广度、深度上以压倒性的优势逼近我们。如果说，过去的传统媒体如同一座城市的电视发射塔，是别人必须接收的中心，那么，今天就如同新增加了千万座发射塔，人们可以通过任何一个塔来接收信息。传统媒体已经被彻底地去中心化。这种前所未有的强势像风暴一样使传统媒体的江山风雨飘摇，我们面前的"奶酪"很快就会荡然无存。

新媒体的日子也不好过。因为新媒体以为只要把传统媒体打趴下，自己就是新的中心了。没想到，传统媒体还没有被彻底打倒，自己的面庞也被岁月的风霜模糊了，更新锐的媒体正在卖力地要干掉它。

不转型是等死，转型是找死。横竖都是死，生机就在于能不能杀出一条血路来。于是乎，大家在都很惨的情势之下，被技术"倒逼"着集体向全媒体靠拢。"内容""渠道""技术"，这三个王加在一块儿，是不是可以理解成全媒体为王？换句话说，就是媒体真正做到全媒体化、全媒体形态了，全媒体的产品就是王者。

全媒体产品对内容、渠道、技术的控制和使用是动态的、灵活的、随机的，它们在不同的事件中，不同的商业模式下，对全媒体的支撑作用有着不同的权重，是这几个核心要素的合力共同作用于全媒体。不妨用个公式来形象表达：

$$P=(\ p_1f_1 + p_2f_2 + p_3f_3 + \cdots + p_nf_n\ )$$

P（Power）可以理解为全媒体影响力；剩下的 $P_{1\sim N}$ 是不同的影响力因子，可以是内容、渠道、技术，甚至随着环境的改变加入更多其他因素；$f_{1\sim N}$ 代表不同因素所占的权重，即对总的 P 所做的贡献比率。

在新闻资讯生产、发布、传播的不同时期，内容、渠道、技术所占比重是此消彼长、互为表里的。有些情况下内容的占比高，有些情况下则是渠道的占比高，以前可能技术的推动作用没有那么明显，但随着 4G 时代的扑面而来，技术所扮演的角色也越来越重要。

● 三个"权重"构成的方程式。

内容的优势在于文化价值

清华大学传媒学院的院长尹鸿教授曾对我说过，大量的新媒体出现，导致了两个严重的稀缺：一是优质内容稀缺，甚至稀缺到我们会有 10 个电视台同时播一部电视剧；二是注意力稀缺，因为媒介大幅度增加，我们的注意力被严重稀释，虽然每个人身上带着各种不同的媒介，但观看媒介的时间不够用，这使过去单一渠道的价值受到很大的挑战，渠道贬值已经成为不可避免的现象。

优质内容的生产是个复杂系统的庞大工程。它需要人才、资金、激励创新的机制和强大的文化积淀。这是传统媒体的强项，也是它唯一还能生存的理由。在即将开始的数字化转型中，如果传统媒体失去这一优势，那就真要应验了那句话：长江后浪推前浪，前浪死在沙滩上。

高品质的内容是有"黏性"的，它能够一下就"黏"住你，使你欲罢不能，流连忘返。这种黏性来自文化准备。

凤凰新媒体文化频道 2014 年推出原创纪录片《流亡的故城》。这一年是诗人顾城辞世 20 周年。这是中国第一部关于顾城的纪录片，更有趣的是，这部纪录片不是通过凤凰卫视的频道播出，而是通过网络播出的。这种播出甚至收到了更强烈、更直接的反响，并引发了文化界和网友对于 20 世纪 80 年代的集体怀念。

《流亡的故城》重新打量这位朦胧诗人的精神世界，梳理他与谢烨、李英两位女性的情感脉络，试图从更宏观的时代层面，还原一个相对真实的顾城，与那一代人一起追忆中国的"80 年代青春期"。大量有关顾城的珍贵影像、手稿、录音也随纪录片首次对外发布。

《流亡的故城》推出后，在微博上共获得近 19 000 次转发，新京报、北京青年报、中新网、人民网、新华网等媒体对这个纪录片进行了详细报道。

谁会知道 20 年前逝去的一个诗人会成为话题？只有具有文化准备的团队才会不断发掘出这样的题材。

高品质的内容是个性化的。需要那些有独特见识的记者、主持人、评论员解读。比如，1999 年 5 月 8 日，美军 F-117A 隐身攻击机的 3 枚导弹击中中国驻南联盟大使馆，致使大使馆内的 3 名记者身亡。当晚，在国内媒体还在分析情况时，凤凰的评论员邱立本先生就在节目中提出"误炸"是不可信的，禁不住推敲。这是最早发表对美国误炸解释的反对立场的声音。事实上后来美军内部地图局的证据浮现，揭穿了旧地图的谎言，也证实了当时的预测。这种有见地的分析得益于长期对西方国家的观察了解。

高品质的内容是差异化的。在同质化无比严重的今天，谁的资讯差异化强，谁就能吸引注意力。有一种说法，叫"大事发生看凤凰"，我特别在意这句话，因为这是民众对凤凰卫视经常在第一时间抵达突发事件现场的充分肯定。坚守这个品牌，我们就能够构成与其他电视台、新闻频道的差异化。

所有高品质的内容都以非常积极的反馈数据证实了自己的独特价值。

当下，高品质内容的产生主要还是来自传统媒体。新媒体在这方面的文化准备和人才准备还有一定的差距。当传统媒体能够以全媒体的力量传播高品质内容时，它们才能重新确立江湖地位。

渠道的优势在于传播的广度

渠道就好比四通八达的交通要道，把四面八方的用户引导到我们的媒体。这些用户一旦接触到好的内容，满足了他们的诉求，他们就会转化成忠诚用户沉淀下来。因此，各类搜索、导航网站的入口，作为进入交通要道的必经之地，瞬间成为炙手可热的资源。除了百度、360、搜狗等通道，还有视频播放客户端、应用类产品客户端，也是非常有效的渠道。以凤凰网为例，凤凰网目前每天的 UV 大约在 4300 万，月度覆盖用户近 4.3 亿人。有些是老用户，也有许多是来自各类渠道入口的用户。这时候，"黏"

住新用户就是我们的任务。

以 2014 年"马航事件"为例，在事件的每一个重要转折点，凤凰网总能提前推出具有差异性的内容。这些内容吸引了各大导航网站的目光，为了赚取更多的访问量，他们的新闻推荐区，无一例外地挂的是凤凰关于马航事件的报道。这就是优质内容的实力和魅力所在，但同时从一个侧面展示了渠道的巨大能量。试想一下，其他的门户网站和媒体都在做马航事件，内容一定也有可圈可点之处，但是缺少了大的渠道入口的推荐，意味着丧失了很多用户的接触机会，或者带入机会。

在持续一个月的马航事件报道中，凤凰新媒体共获 PV6.8 亿，UV2.62 亿，在所有网站中排名第一（不包括视频、图片、客户端的点击量）。

这类事件报道不仅拉动我们的 UV 增长，对于品牌影响力的铸造和强化也非常有帮助。凤凰最大的优势还在于，我们互联网的内容还可以通过我们的电视、周刊等进行多渠道的向外辐射。

技术的优势在于创新攻坚

技术就像攻坚战中的爆破手。爆破手攻破一个壁垒，业务形态就上升到一个新境界。技术的重要性，随着其发展进程而不断显现。4G 到来之前，谁能想象一个人可以拿着手机看球赛呢？4G 一到，好比两车道的道路一下子拓成了八车道、十二车道。开启一段快速路，路有了，车就都来了，而且种类花样更丰富了。技术打开一扇门，业务形态有了更大的空间，视频业务在未来的发展较之 3G 时代将有一个质的跨越。电子支付、安全加密……任何一项技术都会打开一扇门，带来新的消费形态和商业空间。

2014 年 6 月，业界称为"行走于创新和侵权之间"的"今日头条"被告上法庭，因为众多的传统媒体认为它侵权。

"今日头条"可以被视为全媒体在内容推送方面的一个有趣的技术预演或尝试。"今日头条"是一款基于数据化挖掘的个性化信息推荐引擎，自 2012 年 8 月份上线以来，用户增长非常快，包含了新闻动态、图片以及各类短文。它能根据微博行为、阅读行为、地理位置、职业、年龄等挖掘出兴趣。通过社交行为分析，5 秒钟计算出用户兴趣；通过用户行为分析，用户每次动作后，10 秒内更新用户模型，是一个典型的技术驱动的产品。在这个产品上，几个技术比较突出：

1. 自然语言处理和图像识别技术

产品对每条信息提取几十个到几百个高维特征，并进行降维、相似计算、聚类等计算去除重复信息；对信息进行机器分类、摘

● 技术就像攻坚战中的爆破手。爆破手攻破一个壁垒，业务形态就上升到
　一个新境界。

要抽取、LDA 主题分析、信息质量识别、敏感词过滤、正能量指数计算等处理。

2. 基于机器学习的推荐引擎

根据人的特征、环境特征、文章特征三者的匹配程度向用户进行精准的内容推荐，推荐时会考虑信息质量以及正能量指数，推荐热度高、正能量值高的文章给更多人。

3. 实时海量数据处理构架

实时推荐，0.1 秒内计算推荐结果，3 秒完成文章提取、挖掘、去重、分类，5 秒计算出新用户兴趣分配，10 秒内更新用户模型。

4. 精准定位人群进行传播

根据用户所在城市，自动识别本地新闻，精准推荐给当地居民。可根据用户年龄、性别、职业等特征，自动计算并推荐其感兴趣的资讯。

由于"今日头条"存在版权上的硬伤，遭到了平媒和网媒的接连起诉，但旋即又有媒体通过谈判与"今日头条"达成合作或和解，这个事件本身也非常有意思。它起码说明了两个问题：

一是传统媒体在苦于找不到突破口时突然发现了一条光明之路，他们在版权被侵犯的同时，痛并快乐地发现自己受到关注了。

他们希望以苦肉计的方式获得凸显存在、占领市场、分得利益。

二是传统媒体与移动推荐引擎的合作是大势所趋，不可阻挡，原创版权拥有者可以通过自己的内容吸引技术优势者，通过两者的兼容、合作，解决因版权保护和技术创新而产生的新问题，使产品具有更大的竞争优势。

全媒体方程式有解吗？我想每一个不同的产品形态，每一个不同阶段的运营主体，答案都是不尽相同的，唯有创新才是全媒体的第一要义。

第七章

我们需要被颠覆

智慧生出三种果实：善于思想、善于说话、善于行动。

——德谟克里特

尼古拉·尼葛洛庞帝在 1995 年出版的《数字化生存》一书当中，曾经在"被动的旧媒体"和"互动的新媒体"之间划出了一道明显的界限。他预测说，广播电视网将要衰落，取而代之的是"窄播"和随需定制的分众媒体。大众媒体铁板一块的帝国将会被拆分成许多家庭手工作坊，今天的媒体帝王将看到他们的中央帝国的坍塌。在这样一些观者的眼里，旧媒体会被完全彻底地吸纳进新媒体的轨道。

然而，历史告诉我们，旧媒体从来不会死亡，死去的是我们用来获取媒体内容的工具。

认为新媒体与传统媒体判若鸿沟的人通常也强调代际的变化。旧媒体对新媒体感到不安，很大程度上缘于上一代的人对年轻人所拥有的新科技感到不安，尤其是上一代的人对于已进入年轻人文化核心的新媒体感到不安。从过去媒体恐慌症的历史（如漫画、摇滚乐、电子游戏机、电视等等）来看，大人对网络内容的任何恐惧，不过是来自对孩子自主与自行界定媒体品味需求的不安感。

——胡泳

作为媒体人，我们过去亲历了媒体的颠覆，再被颠覆。如果放在一个更远的历史长河里，这个颠覆还会再发生。报纸被广播颠覆差不多过了一百年，广播被电视颠覆差不多六七十年，电视被 PC 互联网颠覆差不多四五十年，而 PC 互联网被移动互联网颠覆是在过去的三四年，这个颠覆速度还会不断加快。

那么，这种颠覆是怎么发生，怎么推进的？在我看来，既有温水煮青蛙式的内在原因，也有急风骤雨式的技术进步原因。

以前，电视媒体是把人"双规"了，让每个人在规定时间、规定的地点看编辑们预先定好的内容。而移动互联网是把人解放，让每个人在不同的时间，不同的地方，可以看到任何想看的内容。这就是时代的颠覆，技术的颠覆。

这种颠覆在传统媒体人眼里是可怕的、奇怪的，或者是深刻的。首先在形式上，你看新闻不是看新闻本身了，而是开始看跟帖了。现在是无民调，不热点。其次是无争议，不策划。任何大的策划必须要有争议，有正反方意见的表达，这让很多人喜欢。最后是无社交，不阅读。大量的人现在都是在社交的环境里阅读，看新闻资讯，浏览朋友圈和微博。

这些互动与交流的手段与手法，传统媒体都懂，只不过因为资源与技术的限制，不能尽情尽兴地设计与实施，而新媒体在这方面就干得很漂亮。

但是，一个不争的事实是，当传统媒体想利用新媒体的技术与手段把自身激活的时候，却发现读者和观众并不领情。

传统媒体办新媒体的败根在何处？

2014 年的时候，一位名叫"道哥"的互联网写手推出了一篇文章——《为什么说传统媒体的新媒体注定要以失败告终》。

道哥说，2014 年，各大报社上半年的业绩总结会弥漫着悲观气氛，普遍 10% ~ 30% 的下滑，整个传统纸媒 7% 的行业平均利润率水平，意味着上半年已经将几年的利润亏完了，在此过程中，作为传统媒体转型重点的新媒体业务养兵千日，到今天要用

● 皇帝（传统媒体）让儿子领兵抗敌，儿子（××报社新媒体部）还在后
  院斗蟋蟀呢。

的时候，却发现这支军队没有任何的战斗力，无法将来袭的敌人击退，这意味传统媒体大力发展新媒体的战略总体失败。

道哥列出了传统媒体办新媒体的败根：

1. 新与旧之分导致的概念、架构、利益格局的对立。

面对互联网新媒体的冲击和挑战，几乎所有的传统媒体从业者在冲击发生的初期，都无法预知这个洪水猛兽冲击的后果，只能是照葫芦画瓢，开始了模仿学习的过程。而在此过程中，人为地将互联网带来的传播技术革命称为新媒体，而将自己的主业称为传统媒体，直接开始了新旧概念之间的分立。

这种分立从本质上否定了一个基本的现实，那就是，未来新媒体形态或许是这个社会传播生态体系中主体的部分，而传统业务会随着时间的变化而逐渐转移和转场到新媒体业务之中。概念的分立导致了自然的隔阂，意味着两种媒体形式貌似独立存在的地位被认同。

分立概念之下形成了两套人马，各自从事各自认为是自己主业的业务，在组织架构上形成了第二层意义上的分立，而且两套人马各自有各自的优越感。

更为要命的错误来自一错再错，所谓的新旧媒体业务被不同的领导所分管，意味着两套独立的考核体系，以及派系人马的自然形成，在此基础上的 KPI 考核指标的分立，直接将所谓的财务独立核算提上了台面，直接升华了这汇总新旧之分而导致的致命失败原因。

　　如此相持局面的必然结果是，作为一个企业的新业务转型，本来应该围绕市场需求变化，特别是围绕商业模式和客户资源而生的新媒体转型需求，然而却因为资源掌控者与新媒体团队的利益不能合二为一，导致这种商业模式的转型直接停滞。

　　2. 滚动式发展模式与资本游戏发展模式的发展方向差异。

　　对于一个新兴媒体业务模式的诞生，当更多的资本将注意力集中到这个新业务之上，开始进行风险投资，玩儿起了资本游戏的时候，我们的传统媒体选择的却多是以版面资源、品牌资源投入、办公场地投入的方式进行，进行滚动式发展的模式，进而向上报告称，我们通过品牌和版面资源等的投入，在没有花一分钱现金的情况下，发展起了我们的新媒体业务，并且实现了盈利。

　　然而面对日新月异的互联网世界，变化成为唯一不变的主题，传统工业思维模式下的滚动式业务发展模式的发展培育期之长已经无法适应瞬息变化的市场行情，这意味着错失的可能不仅仅是发展的速度，或计错失的更多的是与成功之窗擦肩而过的机会。

　　3. 失去商业根基的新媒体走上了媒体介质传播的单维度死胡同。

　　所谓的新媒体转型，其核心宗旨是探寻以新媒体技术和手段支撑，面向未来的赢利模式，或者是支撑起个报社的经济基础。而由于第一点说到的分立的利益格局，使得掌握核心客户等资源的经营系统，或者是运营部门，无法将自身的资源转化到新媒体业务之上，也使得新媒体仅仅沦为媒体业务，特别是媒体内容新媒介、新渠道、新传播手段这几个无关痛痒的层面的自娱自乐，或者可以说，新媒体就仅仅是一份数字化的报纸，而没有真正的商业运营部分。

因此，所谓的新媒体仅仅意味着传统媒体内部采编部门的新媒体升级,而经营部门的所有业务和新媒体基本上没有任何关系，必然使得其从诞生之日起就是一个畸形儿。

……回望传统媒体新媒体业务的发展路径，特别是在上层架构设计方面的缺憾直接导致了今天的结果，但是当初，在一片未知的领域，能够将新媒体作为一个独立的业务体系从传统业务体系中剥离出来自由发展，已经十分不易，但是更多人停留在了这种来之不易的变化的感慨之中，却没有更为深入地朝着将这项业务本来的追求目标实现的方向努力，以至于万里长征只走出了2000 米就已经偃旗息鼓了。[1]

---

[1] 引自搜狐 IT http://it.sohu.com/20140721/n402508394.shtml，本文引用时有删节。

不得不承认，道哥作为江湖中人，其分析很到位，传统媒体办新媒体在观念上、思路上的问题被不幸言中。

有没有互联网思维决定了有没有未来

许多传统媒体办的新媒体说穿了，就是一张电子报，而且这张电子报还是靠传统报纸养活着，它本身并没有造血功能，也没有《纽约时报》网站那种敢于要价和收费的高端品质，所以只能是传统媒体的附庸，是传统媒体电子化、现代化的"面子工程"——一束鲜艳夺目却没有生命力的塑料花。

正如传媒专家喻国明所说，缺乏互联网思维的传统媒体人把互联网看作一种传播工具、传播手段和传播平台，把互联网作为延伸自己影响力、价值和功能的一种工具，即在我们固有的发展逻辑和社会运动逻辑的基础之上的一种按照固有惯性延伸的因素和手段。结果虽然有很高的投入，办了很多网站，做了大量的手机媒体以及一窝蜂地办了 APP 和客户端，但是老实说，结果却是追得很苦、投入很大，产出却极为有限，甚至烧钱到血本无归，实际的投入和产出完全不对称。形成这种现状的最关键的原因，是我们对互联网基本社会价值和社会影响的理解尚比较肤浅。

今后所有的企业都是互联网企业，换句话说，就是所有的企业员工都是互联网员工，因此，有没有互联网思维是有没有未来的关键所在。

互联网思维，就是在互联网、大数据、云计算等科技不断发展的背景下，对市场、对用户、对产品、对企业价值链乃至对整个商业生态进行重新审视的思考方式。

最早提出互联网思维的是百度公司创始人李彦宏。

互联网思维，首先要有互联网人才。一些传统媒体办新媒体失败的首要原因就是"一把手"不懂互联网，却在指挥、操办新媒体，如同奔驰车上安了个夏利的发动机，肯定会跑不起来。在世界范围看，办互联网成功的人多数都是懂技术的人。传媒媒体的老总要承认自己互联网思维的短板，花大气力、花大价钱引进互联网人才，并让他们真正有运作全局的权力。请注意，我在这里说的不是让请来的互联网人才主管一个独立的部门，而是让他们有权围绕主营业务进行互联网业务改造升级，用新媒体技术手段，直接支撑主营业务模式升级。

这方面，雷军在金山公司的经历值得分享。雷军从22岁进入金山公司工作，一直工作到38岁，在金山工作了整整16个年头。其间从部门经理、大区负责人，一直做到金山总裁，并完成了金山的IPO上市工作。

2007年12月20日，雷军辞去了金山CEO职务。

他的离职，有人认为是因为职业经理人与创业元老之间的发展与管理上的矛盾，有人认为是经理人翅膀硬了很难留住了。

对于企业管理者来说，怎么才能让高级人才死心塌地地跟你一起做呢？

4 年后，金山软件董事会提名委员会提名雷军出任董事长。雷军从"IT 劳模"变身企业家。之后，雷军"制造"了包括小米手机在内的一系列令人眼花缭乱的互联网话题。

互联网思维，需要互联网文化。互联网思维，是互联网时代如何生存的思维。

按照业界的说法，在企业内部建立互联网文化，要分 3 个层次：

层次一：数字化。通过互联网提高效率，降低成本，这个比较容易做到。

层次二：互联网化。利用互联网改变运营流程，电子商务，网络营销。这个也不难。

层次三：互联网思维。用互联网改造传统行业，商业模式和价值观。这个有点难，特别是对传统企业来说，整个体制、机制、管理思路、人才标准都需要有颠覆性的改变。这种改变不是说有就有的。

360 的董事长周鸿祎说，所谓"互联网思维"，并不是玄学，没有神秘可言。只有 4 个关键词：用户至上，体验为王，免费的

● 雷军从"IT劳模"变身企业家之后，"制造"了包括小米手机在内的一系列令人眼花缭乱的互联网话题。

商业模式，颠覆式创新。在互联网经济中，只要用你的产品或服务，那就是上帝！很多东西不仅不要钱，还把质量做得特别好，甚至倒贴钱欢迎人们去用。软件免费，硬件以成本价出售，零利润，然后依靠增值服务去赚钱。

这就是典型的互联网文化，传统媒体文化要变身为这样的文化，这样的思维模式，真得下一番功夫。

根据摩尔定律[2]等理论，互联网的三大基础要件——带宽、存储、服务器都将无限指向免费。在互联网经济中，垄断生产、垄断销售以及垄断传播将不再可能。当360杀毒软件在一片抗议与批评的争议声中竖起免费的大旗后，几乎所有的杀毒软件都应声免费了。

这就是互联网分享与合作的文化，只要你参与就是我们的朋友，媒体不再是你的指路人，而只是你的一个合作伙伴、一个共享资源的好帮手。

---

[2]摩尔定律是由英特尔创始人之一戈登·摩尔提出来的：当价格不变时，集成电路上可容纳的元器件的数目，每隔18~24个月便会增加一倍，性能也将提升一倍。换言之，每一美元所能买到的电脑性能，将每隔18~24个月翻一倍以上。定律揭示了信息技术进步的速度。

互联网思维，需要互联网视野。中国做客户端三大高手之一、猎豹 CEO 傅盛说，今天很多的企业家都是二维动物，速度很快，但是视野不开阔。速度加力量是弹跳力，速度越快，力量越强，跳得越高。但是，如果视野缺损，跳的方向不对，跳得越高，摔得越疼。所以，要有视野。视野就是空间感、前瞻性。互联网视野主要就是不任性，不搞血战到底那一套，眼光盯在更远的地方，有兼容心、做多元事、交八方友，在对的时间做对的事，在不对的时间少犯错，在遇到危机的时候冷处理，在高速前进的时候也不忘停下来看看风景。

互联网思维，需要互联网工具。从某种意义上说，不懂互联网工具，就不会有互联网思维。互联网本身就是一个数字化的、高效率的工具，如果你做事情时，以为接上一根网线或连上了Wi-Fi 就会使用互联网了，那就错了。互联网的许多硬件、软件、插件都可以称之为工具，还有微博、微信、APP、HTML 等也都是工具，正是这些工具的功能，使用户可以通过摇一摇、二维码、语音输入、分享到朋友圈等功能去找到自己想找的人与事，得到自己想要的信息，这些都产生了非常好的体验。对互联网工具的发展进程有了更多的了解，你想顺风而呼、顺势而为，都可做到。

喻国明对互联网思维的一段话对我深有启发。他说："互联网进入中国社会二十余年所导致的种种改变，使我们现在越来越清楚地认识到，互联网对于我们社会的本质意义就是：它是一种新型社会的组织与结构方式，是整个社会的'操作系统'——只有将自己的资源、能力和品牌在互联网的逻辑和机制下整合运用起来，即'嵌入'互联网的架构上，我们才能积聚互联网的'弱连接'所蕴含的无限资源和种种可能，将其整合和转化为形成功能、形成价值的'强连接'，从而拥有巨大的发展空间和潜力。互联网是一场革命，它改变了社会中的生产、流通、销售，改变了我们的话语方式和行动逻辑，所有的国家和社会都在经历着这场革命的考验。"[3]

是老大为王，还是先进为王？

凤凰卫视是华语媒体中最早着手"颠覆自己"的。大约在2004 年，凤凰就提出全媒体化，并有意识地进行了各种实践。由于没有现成的经验和路数，我们这种"颠覆"显得不够彻底，也有许多值得商榷的地方。

拥有 6 个频道的凤凰卫视 1996 年诞生，1998 年成立了凤凰网，

---

[3]喻国明：《"互联网+"不是"+互联网"》，载《网络传播》，2016 年 1 月刊。

紧接着，又创办了《凤凰周刊》、凤凰广播电台、电视剧制作中心、凤凰出版中心、凤凰教育、凤凰文化和户外大屏。

全媒体的框架初现端倪。

我提出凤凰要走全媒体路子的时候，这个概念很新，没有非常成形的想法，只是一种感觉、一种冲动，因为凤凰卫视的构架已经形成了涵盖多个领域的多元化媒体平台，具备了好的先发优势，如果不能实现 1+1>2 就非常可惜。我意识到，全媒体化将是不可阻挡的趋势，传统媒体和新媒体势必实现融合，构建大传媒的信息传播、互动、服务平台。

这种探索是从凤凰网开始的。1998 年到 2004 年期间，凤凰网不能算是一个真正意义上的商业化网站，基本上是凤凰卫视的企业网，凤凰卫视节目的网络版，没有完全遵照互联网的规律来运营。当时，凤凰网的主攻方向是推广凤凰卫视的节目与影响力。从 2002 年起，他们开始尝试与电视节目互动，在电视屏幕上可以看到网民实时发表在网上的帖子、听到他们互动的声音。节目视频和音频也可以在网上收看、收听。记得当年曾经有海外留学生说，在凤凰网上收听《锵锵三人行》节目音频，是他们与祖国最直接的联系。

但是，凤凰网如果一直甘当凤凰卫视的企业网站的话，发展会受到制约，会面临非常严重的生存危机。

正如传统平面媒体做一个电子版并不等于全媒体一样，一个电视台网络版的诞生，距离全媒体还有十万八千里。为此，我积极推动凤凰网的改造，使之成为一个独立的互联网公司。

到了 2005 年，凤凰网有了一个质的转变，开始按照一个真正的互联网公司去经营。

我的观点是，在凤凰内部，不能是谁体量大、资格老、赚钱多，谁就说了算，而是谁先进、谁代表先进生产力、谁发展潜力大谁说了算。

但是，这种颠覆还不够彻底，阵痛还不够强烈，全媒体的尝试也远不能说成功。路还长，但只要敢于否定自我，新的成功就一定会到来。

第八章

技术高度决定转型深度

我们时代的一个特点是，由于现代技术的惊人进步，导致"距离消除"，现在历史被如此迅速地创造出来，以致它常常使我们惊诧不已。

——阿诺德·汤因比（英国历史学家）

通过晶体和无线电波，我们的种族开始把所有地区、所有进程、所有事实和概念连成一个巨大的网络。这个胚胎性的神经网络将演变成为我们文明的一个合作性接口。

——凯文·凯利（《Wired》杂志创始人）

1994 年 4 月 20 日，中国通过一条 64k 的国际专线，全功能接入国际互联网，这成为中国互联网时代的起点。

那一年，距离互联网的发明已经过去了 25 年。

20 多年来，以"追随者"身份进入网络时代的中国并没有像西方一些人预测的那样给自己和世界带来灾难，相反，中国人的创造正在为互联网的发展带来新的可能：中国拥有多达 6 个亿的网民；在全球最大的 15 个社交网络中，6 个来自中国；中国创造的 4G 网络标准已经成为国际标准之一；商务部数据显示，2015 年中国网络零售额预计达到 4 万亿元，位居世界第一。"5 年前，北京市民花 100 块钱只有 2 块钱是通过网络实现的，但今年至少有 16 块多钱都是通过网络支付的。"北京市一位副市长说，"电子商务不仅是消费增长的新引擎，也成为经济增长的新引擎。"

互联网给人类信息交流的手段和环境带来革命性的变化，以"互联网＋"的方式和技术为基础，移动互联网、云计算、物联网、人工智能等技术变革，将深刻地影响以传递信息为天职的传媒业的发展。

美国技术哲学家凯文·凯利认为，技术是生命体的第七种存在。人类目前已定义的生命形态包括植物、动物、原生生物、真菌、原细菌、真细菌，而技术应是之后的新一种生命形态。对比各生命体的演化时间和过程，你会发现，其实技术的演化和它们有着惊人的相似。技术是生命的延伸，它不是独立于生命之外的东西。

技术是一种生命，它必须在需要诞生的时候诞生，需要发育的时候发育，需要繁衍的时候繁衍。谁能帮它做到这一点，谁就会获得丰厚的回报。

传播技术创新驱动媒体转型

从技术的角度看，人类的信息传播经历了四次革命：

第一次，伴随着造纸术和印刷术的发明，信息传播有了规模化发展的雏形，过去口口传播的故事和消息，变成了以阅读为主的传播方式，报纸诞生，媒介传播和消费形成。

第二次，以蒸汽机为动力的轮转印刷机诞生，它的效率比老式手动印刷机高数百上千倍。"大众传播"成为可能，信息传播步入了大众传播时代。

第三次，电报的发明和电报通信网的建立，使空间距离不再成为沟通的障碍，使得"即时性"成为新闻最重要的属性。20世纪初，无线电广播技术和电视技术的诞生使媒体发生了革命性的变革，使人有如同置身事件现场的同步感，产生了强烈的震撼力和吸引力。

第四次，互联网的出现使信息传播的内涵发生了质的改变。从理论上讲，地球上的每一个点、每一个人都成为可以互联的对象，信息传递的方式和信息传播的生态发生了前所未有的变革，依托于互联网，蜕变、裂变出一系列新的技术手段、传播的形式和传播的生态，改变了人们的思维方式和行为方式，甚至改变了人们的世界观。

未来的传媒业必将受到信息技术变革的影响，和通信业、互联网业发生深刻的融合。

媒体将发生哪些根本性的转变

技术是人创造的，但是它一旦被创造出来，就如同打开的潘多拉的"魔盒"，不再被人的意志所左右，正可谓，形势比人强。

一是"裂变"。

新的传播技术带来了信息传播"裂变式"发展，裂变可以产生物理和化学反应，会释放大量的能量。当云计算、大数据等新一代信息技术广泛应用，媒体行业纷纷进行ICT（信息通信技术）转型的时候，这种裂变就产生了，媒体已经不再是传统意义上的媒体，而是一种"云"，一种海量数据，一种渗透生活方方面面和世界各个角落的信息技术系统。

二是"重构"。

技术的变革使媒体发生了两种改变，其一是传播的内涵与模式改变了；其二是媒体的形态与性质改变了。传播不再是线性的信息流动过程，而变成立体的、全方位、多对多、叠加式的信息裂变过程，其表现为对传媒传统生产方式的重塑、媒介介质的创新、传播生态的重构、媒体业态的转变和创新等多方面的变化。

三是"智能"。

由于大数据的全面参与，云计算对媒体内容的生产制作以及媒体内容的消费带来变革，媒体以往的生硬形象完全被改变，它快捷、机敏、贴心、温情、智慧，它能够非常友好地与你互动，为你服务。在这个过程中，构成传统传播模式的要件发生了改变：传播的"受众"时代将向"用户"时代转变；"新闻"产品被"信息"产品所丰富；传播的内在规律也由"给予—接受"转变为"寻找—参与"。 因此可以说，技术的变革和创新全面推进了全媒体的发展，全媒体化不仅是新闻报道形态方式的变革，还是媒体在业务运作的整体模式和策略上的一次变革。

技术的高度不是说有就有的，它需要积累，需要文化积淀，需要决策层的苦心与决心。

凤凰"章鱼计划"与"2+7"云数据中心

新技术给凤凰卫视的助力

前面说过，我自己就是一个"技术控"，电脑、手机、iPad都是玩最新的，我在手机上看视频的时间，可以追溯到2000年前后。因此，凤凰在电脑技术、互联网技术飞速发展的时代，没有掉队，在新技术的应用方面，可能更为大胆和领先。

总体来说，凤凰在技术方面实现了两次飞跃式发展。

第一次是在2001年资讯台成立的时候，凤凰实现了资讯台整个频道电脑化网络化运作，完成了单一频道从模拟的传统的磁带运作方式到数字化网络化无带化的转变。那时候，凤凰办公地点狭小，无数的磁带从地面堆到天花板，找个资料先翻腾半天，再拷贝半天，效率低、成本高。是现实逼着我们用先进技术替代传统方法。

第二次是在2009年凤凰由红磡搬到大埔的时候，凤凰实现了全公司的电脑化网络化运作，实现了整个公司的数字化、电脑化、网络化、无带化的转变。这两个转变对凤凰的发展起到了至关重要的作用。

采用新技术的好处主要有3个：

1. 成本低

从建设成本看，如果用传统方式，凤凰需要投入7000万元至8000万元才可以完成系统建设，而使用电脑网络，凤凰仅仅花费了传统方式所需费用的一半就完成了系统建设。

从运作成本看，传统设备的维护成本及磁带的消耗也是高得惊人，而电脑和网络系统几乎没有什么维护费用，如果以从资讯台开播到凤凰搬到大埔这9年时间为限进行计算，运作费用至少为凤凰节约了1亿5000万元人民币。

从人员成本看，一方面新技术的使用提高了工作效率，减少了人员的需求数量，同时，新技术还降低了从业人员的技术门槛，降低了雇用人员的成本。一个熟练使用传统对编设备的新闻从业者和一个使用电脑的从业者的雇用成本差别是很大的。

成本的控制对于凤凰的发展至关重要，凤凰对于人员的数量控制一直很严格，而对于一个刚成立的资讯台而言，成本的控制就更是尤为重要。默多克最初估计资讯台从成立到盈利需要5至7年时间，而凤凰资讯台完成这个过程仅用了3年时间。新的电脑网络技术的应用无疑起到了相当关键的作用。

2. 效率高

从新闻节目制作效率看，电脑和网络化大大提高了新闻节目的制作效率，新闻网络每天制作的新闻条目高达200多条，这对于总共只有100多人的资讯台队伍而言实属不易。而如果采用传统的方式，不说设备投入需要增加，仅是人员就要多几倍才可能完成。我认为，效率的提高来源于电脑网络新闻系统的流水线设计——新技术将新闻制作拆分为收录、编译、写稿、配音、剪接、审核、编串联单到播出等若干环节，每个环节的操作都相对简单，都由专人来完成，分工明确，这就像产品生产线，虽然每个岗位工作都很简单，但所有岗位配合起来，就可以很高效地生产出产品来，只不过这个"生产线"生产的产品是新闻条目而已。通过新技术的应用，凤凰总能在第一时间将新闻报道出来，凤凰新闻的快速在业内得到了一致认可。

3. 质量高

● 凤凰卫视香港总部新闻中心

● 凤凰卫视北京
中心演播大厅

新闻生产线就像工业产品生产线一样，可以很好地控制产品质量，因此，凤凰制作的新闻在品质上保持着很好的一致性。如果采用传统方式，新闻品质就将取决于制作新闻的个人，会在无形中提高对制作人员素质的要求。

对于画面品质来说，新技术由于采用了网络共享的方式使用视频素材，素材在采集进入系统后变为数字化文件，在节目制作过程中损失很少，因此可以保证有比较好的画面质量，而如果使用传统的磁带对编，多带复制则会产生画面质量的严重下降。

在新技术应用方面，除了电脑网络技术之外，虚拟演播室技术的应用也是非常值得一提的。

凤凰是亚洲最早使用虚拟演播室技术的媒体，早在1997年，凤凰就花重金采购了当时全亚洲第一台用于虚拟演播室实时三维运算的小型机。虚拟演播室的使用其实也完全是凤凰不得已的选择，当时凤凰总部位于红磡的一栋写字楼（海滨广场）里，除了做办公室，还要做演播室，为了在狭小的空间里还能让不同的节目有不同的拍摄感觉，只能使用虚拟演播室。在几年的摸索中，凤凰总结出了一整套使用虚拟演播室的技巧和流程，虚虚实实、虚实结合，用有限的一两个虚拟演播室制作出了众多风格各异的受观众喜爱的节目，例如，《时事开讲》《娱乐大风暴》《锵锵三人行》《军情观察室》《有报天天读》《冷暖人生》《文涛拍案》《完全时尚手册》等等。凤凰在红磡办公室里还创造了这个虚拟设备的厂家全球最小的虚拟演播室，大约只有 10 平方米。也正是由于我们对虚拟技术的发掘和挖潜，一直跟我们合作的厂家会定期与我们讨论如何改进他们的产品，我们提出的很多意见和建议，最终都体现在他们更新的产品中，并获得市场的广泛认可。而虚拟技术的应用，也使凤凰的运营成本大幅降低，节目形式和内容创作空间得以扩大。

"章鱼计划"

为了应对全媒体时代的竞争，凤凰卫视在内部实施了"章鱼计划"。

章鱼是一种软体动物，据说非常聪明，甚至有"概念思维"能力，能够独自解决复杂的问题。章鱼还会迅速地改变自身的色彩和构造，以利于生存和捕猎。2008 年欧洲杯和 2010 年世界杯期间，有一条名叫"保罗"的章鱼甚至成了足球赛事的最佳"预言帝"，受到各国球迷的喜爱，不仅荣登时代周刊的封面，还担任了英国申请 2018 年世界杯的形象大使。

凤凰的"章鱼计划"，主要是借用章鱼有 8 只可收缩带吸盘的腕，比喻凤凰的全媒体系统的互联互通。

● 章鱼"保罗"成为足球赛事的最佳"预言帝"。

有一条名叫"保罗"的
章鱼甚至成了足球赛事
的最佳"预言帝"

　　"章鱼计划"，是一个资源整合的重要概念，凤凰总部是章鱼脑袋，世界各地的记者站和凤凰网、《凤凰周刊》等品牌资源形成 8 个甚至更多的触角，然后把现有的新闻资源、内容资源完成信息汇总、整理、融合、检索等方面的提升。

　　"章鱼计划"是在资讯台网络基础上重新构架的，其规模更大，复杂度更高。资讯台的网络是单一频道的网络，相对简单，涉的人员也相对较少，而实现全公司所有系统的电脑化和网络化，涉及全公司的所有部门和每一个人；资讯台的新闻网络相对封闭和单一，而大埔的云系统对公司所有频道、对凤凰网和《凤凰周刊》是完全开放的，在节目制作方面有新闻系统、MAM 系统、后期制作系统、演播室系统、收录系统、包装系统、节目编播系统、TX 播出系统、卫星接收系统、MCR 总控系统、节目平台系统等十余个系统，办公方面有电子邮件系统、互联网访问系统、文件共享系统、ERP 系统（采购系统、资产管理系统、财务系统、人力资源系统、内联网系统）、网络安保系统、国际网络系统等。大系统套小系统，小系统下还有子系统，将以上这些系统链接在一起，让它们能够很好地协同工作，其复杂程度可想而知。

　　为此，我们有针对性地选择了一些较为超前的技术来解决我们所面对的一些具体问题。

1. 云端技术（Cloud Computing）

这在传统 IT 领域暂时是个新概念，我们创造性地将它利用在了广播电视领域。其实云端技术说简单一些，就是将所有提供服务的工作站和服务器集中在中心机房，用户可以通过不同种类的访问终端来访问他所需要的软件和服务。云端技术的应用，最大的好处就是解放了用户，用户在哪里并不重要，只要用户能够有一个符合要求的终端以及连入"云端"的网络，就可以完成任何工作。

采用云端技术的另一个好处就是系统维护方便，可以保证系统不间断运行。由于云端对于用户是透明的，因此，用户每一次登录都可能使用到不同的服务器和工作站，如果系统某一台或几台工作站或服务器失效，只要不是全部都失效，系统依然能够利用有效的服务器或工作站为用户提供服务。而系统维护人员对于系统的维护操作，用户也不会察觉到，这给维护人员带来了很大的灵活性，用户体验也更好。

云端技术的第三个好处就是可以动态地管理系统，使得系统运行更为高效，运作成本更低。例如，我们的新闻系统是 24 小时运作，三班倒，因此，并不需要每个人都配备新闻工作站，所以我们就配备了三分之二数量的工作站，把这些工作站放在"云端"就可以保证所有人上班都有机器用，与此同时，还降低了一次性成本和日后的运作成本，例如，电力消耗等。我们还可以根据人员的变动进行后台调整，以便满足发展的需要。

2. 海量存储技术

由于是全数字化运作，对于存储的需求就大大增加。我们利用了最新的光纤盘阵集群技术，实现大容量硬盘存储空间的建立，全台在线硬盘空间总容量达到 700TB，同时，利用多重的硬盘保护技术，实现了海量空间无故障永续运行。

另外，在 MAM 系统中，我们采用了最新高密度机器人磁带库系统，使得近线存储容量达到了 5PB（5000TB），可满足凤凰 15 年以上的数据存储需求。由于是采用全球最高密度存储方式，整个带库仅占用 6 个机柜空间。

3.10GB 高速网络技术

整个大埔新系统在设计之初就考虑到需要全面支持 HD 节目制作，因此，我们在网络架构设计上采用了当时最先进的 10GB 网络交换技术，以保障 HD 节目制作过程中对带宽的需求。

4. 其他有利于节目品质提升的技术

比如开放式新闻演播棚的设计——除了美轮美奂的演播区场景设计外，里面还隐藏了众多高科技的东西，例如，虚拟跟踪技术、高速跟踪飞行摄像机技术、遥控摄像机技术、大屏幕无缝拼墙技术等。这些新技术的应用大大开拓了节目创作人员的想象空间，提供了更多的选择和可能，对提升凤凰节目品质起到了有益的作用。

"章鱼"系统现在主要还是属于后台内容制作的一个支撑系统，还没有跟最终端的用户做互动，我们未来的一个方向就是增加跟最终用户观众的直接互动的数据和新闻的进入与发布，从而把用户的数据和我们节目内容制作相结合，让自媒体成为全媒体的重要一环。

全球"2+7"分布式云数据中心

2014年6月12日，凤凰卫视与华为集团联合发布了凤凰卫视全球"2+7"分布式云数据中心。这次发布会，以"创新ICT[1]，全媒体源动力"为主题，来自全球各大电视台、综合媒体集团、网络

---

[1]ICT是信息、通信和技术三个英文单词的词头组合（Information Communication Technology，简称ICT）。

新媒体、后期制作公司、媒资行业集成商、咨询公司的 200 多位 IT 总监、业界专家齐聚一堂，共论创新 ICT 如何助力全媒体转型。

作为信息与通信解决方案供应商，华为认为，全媒体时代呈现媒体社交化、视听移动化、内容多屏化、极致高清化的特点，人们的媒体消费行为发生了巨大的变化，导致媒体必须将现有"以内容为中心"的运营理念转变为"以用户为中心"，这意味着现有媒体的 ICT 基础设施需要进行"以用户为中心"的信息化变革，创新 ICT 解决方案为全媒体转型提供源动力。

根据凤凰卫视跨国多媒体集团的特点，华为打破传统的"烟囱式"的 IT 建设模式，为凤凰卫视精心设计了基于云计算和 SDN 网络的分布式云数据中心架构，将物理分散的数据中心资源进行逻辑统一管理和调度，空间上实现跨区域业务部署，支撑凤凰卫视的全球全媒体技术分布式云数据中心，满足全球热点新闻 5 分钟内播出的要求。

所谓"烟囱式"IT 建设模式是指一种不能与其他相关信息系统之间进行互操作或者说协调工作的信息系统。

随着各种信息资源呈爆炸性增长，系统本身无法满足新的信息共享需求的能力，造成系统复杂性，以及硬件软件和数据的管理成本直线上升，使企业不得不增加信息投入，由此带来一系列的运行和维护成本。

造成企业这一困境的不是技术问题，而是流程问题。

解决方案是以虚拟化技术提高系统利用率、有效降低物理硬件设备数量、降低 IT 管理复杂度。

华为用分布式云数据中心建设的凤凰卫视"2+7"全媒体 ICT 架构，一是使用 Fusion Sphere 云操作系统把物理上分散独立的数据中心资源在逻辑上实现集中共享和灵活调度；二是使用 Manage One 数据中心管理解决方案对所有分散的数据中心资源进行统一管理，无论是网络、存储还是服务器，都通过一个统一的页面进行管理运营，大大减少了客户管理复杂性，提升了运营效率，节省了运维成本。

这种管理效率的提升可以节约70%的服务器占地面积，能将服务器密度降低50%，能节约30%的服务器用电。

在云数据中心搭建的过程中集中体现了凤凰卫视的设计理念，那就是融合。原先各个业务部门独立建设业务系统、IT 资源、网络资源，通过云数据中心的搭建，用虚拟化技术将计算、网络、存储等融合在一起，在这种基础上叠加各个业务单元，让业务单元和 IT 资源解耦 [2]，调动资源也比较灵活，非常好地支撑了凤

---

[2] 耦合是指两个或两个以上的体系或两种运动形式间通过相互作用而彼此影响以至联合起来的现象。解耦就是用数学方法将两种运动分离开来处理问题，常用解耦方法是忽略或简化对所研究问题影响较小的一种运动，只分析主要运动。

凰卫视快速增加业务的需求。

"2+7"分布式云数据中心,是凤凰卫视实现全媒体的核心,其中的"2"指北京数据中心和香港数据中心,这两个数据中心处于核心地位,作为主生产数据中心,汇聚全球数据;"7"则代表在上海、深圳、台北、洛杉矶、华盛顿、巴黎、伦敦7个主业务地区建设独立的区域数据中心,这7个数据中心主要分别负责本地媒体信息及时处理、剪辑和访问,从而实现在全球范围内进行信息共享,为全球互联统一管理,提供高品质全媒体信息服务平台。

此外,华为还在计算与存储、网络与安全、云操作系统等ICT领域,为凤凰卫视提供了创新的ICT产品,包括华为云操作系统Fusion Sphere、华为USG9500系列防火墙、华为S9700交换机、OceanStor系列存储、模块化数据中心IDS2000等。凤凰卫视由此节约了20%以上建设成本,服务器资源利用率提升到60%,并在全球首个采用OceanStor UDS云存储解决方案替代传统磁带库,归档效率提高5倍、快速检索回迁速度提升15倍。

2012年之前,我们的运作方式基本上是依靠自己,自力更生。随着向全媒体转型,我们开始寻求更强大的技术支持,选择华为作为我们的战略合作伙伴。

到2015年4月,凤凰卫视已经完成香港数据中心系统改造升级、北京凤凰国际传媒中心云数据中心和伦敦分数据中心建设,并已经开始运营。

- "2+7"分布式云数据中心，"2"指北京数据中心和香港数据中心，负责汇聚全球数据；"7"代表上海、深圳、台北、洛杉矶、华盛顿、巴黎、伦敦7个主业务地区的数据中心。

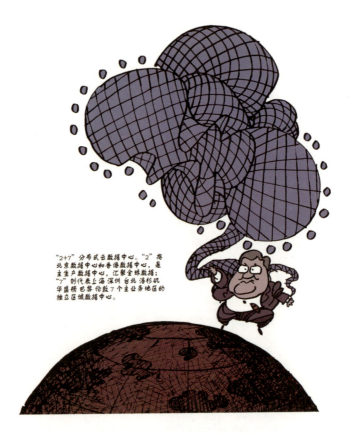

"2+7"分布式数据中心。"2"指北京数据中心和香港数据中心，是主生产数据中心，汇聚全球数据；"7"则代表上海、深圳、台北、洛杉矶、华盛顿、巴黎、伦敦7个主业务地区的独立区域数据中心。

香港总部由凤凰卫视自主运营，北京云数据中心则由凤凰与华为合作运营。华为企业 BG Marketing 与解决方案销售部总裁何达炳说，华为希望通过分布式云数据中心、敏捷网络、融合存储等创新 IT 技术，与凤凰卫视开放合作，助力媒资行业客户建设"以用户为中心"的 ICT 基础设施，支撑其从"生产型"媒资转型"运营型"媒资，为全媒体转型提供源动力。

技术是一种生命体，是一家电视台的根之所在，也是凤凰卫视由传统媒体向全媒体转型的根之所在。技术的高度，不仅仅表示媒体转型的深度，它还是一种生命的光芒，生机勃勃，灿烂炫目，变化万千。

● 凤凰全媒体战略构架。

第九章

全媒体生态链：平台战略

20 世纪 90 年代中期——平坦世界的平台已经出现了。柏林墙的倒塌，Windows 视窗的开启，内容的数字化和网络浏览器的推广极大地促进了人和人的交流，而工作流软件则是将应用软件联系在了一起，这样人们就可以得以处理所有数字化的内容，并以前所未有的方式使用计算机和网络。

开放源代码、开展外包、离岸经营、提供供应链、开展内包和信息服务等，每种合作形式要么是由这一平台直接造就，要么在它的推动下得到强化。就在越来越多的人学会以不同的方式开展合作的同时，我们也令这个世界变得更加平坦。

——托马斯·弗里德曼

强大的盈利模式

　　全媒体产业链融合是指整个传媒生态链的融合。

　　产业链上游，负责数据挖掘的综合信息生产。

　　产业链中游，实现转屏和跨屏的跨媒体传播。

　　产业链下游，进行多平台综合效果评估及整合。

　　这样，物理的产业链融合就可能产生"化学反应"，使全媒体产业链不断地丰富内容的外延与边界，提升其商业价值。

　　平台化是产业链整合的关键环节，平台的打造将直接体现产业链的核心竞争力。平台商业模式的精髓，在于建设一个完善的、潜能强大的"生态圈"，它能够有效地激励各方之间的互动，能够激发网络效应、突破引爆点、形成多方共赢的局面。

成功的平台"生态圈"是霸气十足的，极具统治力并拥有强大的赢利模式。

依靠技术驱动的腾讯公司，通过整合新闻、视频和游戏，以及入股京东商城，打造了其内容平台的产品线，通过微信和QQ整合了其社交平台，从内容到社交，再到电商，腾讯在构筑一个全新的产业模式。

同样，作为电商的阿里巴巴入股新浪微博、美团、UCweb等众多入口，作为他们向移动互联网端口迁移的桥梁。

为了打造强大的生态平台，阿里巴巴频频出手，似乎要全部"占领"互联网上的五大产业。在社交领域，他们入股新浪微博；在游戏领域，他们并购了盛大游戏；在搜索领域，他们也联合UC推出了神马搜索；在视频领域，他们先后入股华数传媒和优酷土豆。

在依靠技术驱动的公司不断加强内容平台和社交平台的构建之时，传统媒体的平台战略也在有序地展开。

其中一个重要的变化就是，媒体由内容提供商向平台分发商转变，通过入口＋内容分发平台＋渠道传播全平台＋云端形成全新的传播生态，以构建未来全新的商业模式。

2013年，随着The Shops在线销售平台的上线，以财经报道为特色的《华尔街日报》正式进军电子商务领域。《金融时报》的负责人曾在采访中表示，该报正在向直接的网络零售商转型，这句话道出了新闻业在移动互联网时代的发展方向，就是不断丰富商业模式，扩大其规模效应，从而应对全媒体的产业变革。

在《华盛顿邮报》被亚马逊创始人贝索斯以 2.5 亿美元收购后，媒介大佬们也纷纷出来指点江山。Business Insider 创始人 Henry Blodget 发表文章，他认为贝索斯收购《华盛顿邮报》的原因是传媒与电商很相似，数字新闻和电子商务是一般竞争者无法进入的领域，同时也是可以被深度个人化定制的产品。

在国内，浙报传媒集团斥巨资 31.9 亿元收购了杭州边锋和上海浩方 100% 的股权。边锋和浩方属于全国知名游戏平台，拥有边锋游戏、游戏茶苑、浩方电竞、三国杀 online 等众多知名品牌。

凤凰卫视也在打造全新的传播生态。在拥有电视台、网站、电台、周刊、户外大屏、出版、电视剧制作、凤凰教育等传统媒体形态之后，按照"产业化、平台化、移动化，大数据"的发展战略，利用现有媒体的优势资源进行相应的产业化延伸发展，积极布局移动互联网行业与大数据应用领域，打造了一系列的互联网和移动互联网平台。

凤凰全媒体平台化运营是以内容公信力为基础的影响力为王。在这一点上，脱胎于电视媒体母体的垂直网站，相比草根互联网基因的视频网站，优势更加明显。

核心变化从两个方面进行：

（1）传统媒体（包括网络门户）的视频化表达。

（2）视频网站的媒体化转变。

这样做的目的，是把视频作为表达手段，以互联网为介质，重构媒体价值。凤凰的内容是凤凰全媒体战略中的"定海神针"，凤凰品牌强化和影响力强化是我们的核心价值观和核心竞争力。

凤凰目前有四条生产线：第一条产品线是新闻内容分发，包括凤凰新闻客户端、凤凰视频客户端、凤凰FM、电视资料库内容存储分发的"章鱼系统"、数字出版平台等；第二条产品线是网络游戏，如凤凰游戏平台等；第三条产品线是在线教育，有凤凰在线教育平台、凤凰多媒体广告平台；第四条产品线是凤凰电子商务。

这些平台通过整合资源，使我们的资源效益最大化，打破了我们以往单纯依靠电视广告生存、靠内容带来营业收入的局限，打造了新的赢利模式。

内容分发提升溢价

对于电视媒体来讲，其在受众中长期积累起来的"媒介印象"很可能被导入新的传播平台上，用户会因为电视媒体本身的媒介印象，选择与其相关的社会化媒介的产品，这意味着，一旦电视媒体等传统媒体向社会化媒体拓展，其母台受众会有相当大部分被吸引

● 凤凰的四条生产线。

到新的传播渠道上。要避免这种内耗式的拆分，电视媒体在新传播渠道上拓展受众的同时，首先要考虑的是将不同类型的受众具体化为不同层次的需求，使不同的媒介平台对接不同的用户需求。

以央视新闻频道在微信上推出的公众账号"央视新闻"为例，用户就可以在微信平台上以文字、图解以及语音留言、视频等多种形式看到央视推送的优质节目资源，进而展开互动或链接分享。在这一过程中，多态的图文和传统的音画之于用户获知信息的需求，就是互补性而非替代性的传播符号。

数年前，BBC 曾经进行的一项调查显示，在社交视频网站 YouTube 上观看 BBC 视频节目的受众人数，竟然非常接近在 BBC 官网上收看视频内容的人数。对此，BBC 高层感到很震惊，但冷静下来后意识到，BBC 必须要向现实低头，要放下身段，与 YouTube 建立合作关系，最终在 YouTube 上开设了一个 BBC 视频专区，这个专区后来非常成功，已成为 YouTube 最多人收看的媒体视频专区。此外，移动产品制造商苹果（Apple）在 2010 年推出首款 iPad 产品时，BBC 新闻受邀成为提供预置内容应用软件（APP）的供应商之一，为 BBC 迅速占领新的平板电脑平台带来了先机。

因此，基于更加多元的商业模式，传媒业所提供的内容绝不仅仅是新闻信息，未来基于内容分发平台的传媒产品，将完全超越原有的边界，未来传媒的产品是一个围绕着用户提供综合信息服务的内容平台，即内容平台 = 传统的信息产品 + 综合的信息服务产品。

跨媒介渠道平台的构建

跨媒介渠道的传播就是将同样的一个内容，通过 TV 屏幕、PC 屏幕、移动终端屏幕，以及户外大屏、纸媒等多种媒介，拥有更高的到达率，受众也有更多媒介去接触内容。

一组来自英国的调查数据显示，16 ~ 24 岁的观众是全英国观众中收看电视最少的群体，而 65 岁以上的人是收看电视最多的群体，16 ~ 34 岁的观众群收听收看传统广播电视节目的比例呈下降趋势。长期以来 BBC 受众的整体年龄层偏大，对吸引 16~34 岁这个年龄段的观众收听收看也存在障碍。除了对传统广播电视节目改版、开设专业频道以吸引年轻观众群之外，"BBC 在线"成为 BBC 吸引年轻人、延伸广电服务到各年龄段的重镇，其中 iPlayer 平台（涵盖互联网、手机和其他移动设备）的作用不容小觑。

电视终端不再一家独大，多屏互动开始成为主流，而多屏分享行为已经成为大势所趋。根据 Nielsen 的最新研究报告，美国有 86% 的智能手机用户在每个月看电视的同时至少会使用一次手机，而在英国这个比例也达到了 78%，还有超过四分之一的人会每天多次处于多任务的平板电脑与电脑的切换状态之中。

中国在这一领域的发展态势也极为可观，艾瑞咨询报告显示，2013年二季度中国在线视频市场规模达到28.5亿元，同比增长43%；而优酷、爱奇艺等视频移动端的播放量也在以惊人的速度增长；75%的网民会使用多个屏幕观看视频，60%的人会在同一天内使用多屏观看视频；以《辣妈正传》《爸爸去哪儿》《开讲啦》为代表的热门电视剧或节目都在以出色的在线播放量和移动播放量不断地刷新纪录。

中国消费者每天面对着各式各样的屏：在家有电视屏，上班时有楼宇电视屏、电脑屏，手里还拿着个手机屏，这些屏都能够播视频。除了这些屏之外，在中国还有很多的屏，卖场LCD屏、户外LED屏、地铁屏、公交屏、电影屏、车载屏，不同的消费者能在不同的时间点接触到。

在提供内容消费服务上，智能手机、平板电脑、传统电脑和电视这四大类电子产品各有千秋，当它们被联合在一起使用时，就会发挥出巨大的威力。而所谓"跨屏"，并不是像字面看起来的那样仅仅是简单地把图像从一个屏幕转移到另一个屏幕上，而是更大的一个概念——内容转移，其中包括图像、资料、习惯使用的软件等，在不少特定情况下甚至不局限于单纯的数据迁移层面，而是依托于云计算的技术，实现设备间无缝转接的"同步"效果。

人们在醒着的16个小时中80%的时间都被各种屏所包围，在

● 多屏互动。

这样的多屏消费行为当中，好的用户体验必须具有连续性，而转屏技术使得屏与屏之间可以联动，内容能够在多屏之间无缝切换，只有保证观看无隔阂、互动无隔阂，才能优化受众的视频体验，保证全平台的联动。因此，平台再造的过程是多种播出渠道搭建全媒体生态系统的过程。在这一体系重构的过程中，多屏转换技术是重构体系的关键。

我们同样可以看到，基于跨屏的传播平台＋基于社交工具的传播平台，正在相互作用并形成新的传播生态平台，而这种新的传播渠道平台将重新解构内容和用户关系，它既不同于WEB1.0时代点对点的传播，也不同于点对线的传播模式，而是在用户和内容的相互作用中，经过不断的磨合和不断的筛选，最终形成更加精准的内容。

基于社交平台的构建

基于社交应用的传播：社交工具所形成的渠道传播入口，例如新浪的微博、腾讯的微信等社交工具，通过分享的方法，将直接提升传播内容的有效到达率。《连线》杂志主编安德森曾经谈到，他很少自己去上网看新闻，他说他周围的朋友给他提供的信息已经足够，这个例子充分说明圈子和社交将成为人们获得信息的重要方式。其实回到我们现实生活中，随着移动互联网的发展，特别是微博、微信的应用普及，获得资讯的方式的确发生了非常大的变化。

BBC 很早就关注社交媒体的使用，最初推出过自己的社交媒体平台，但未能成功吸纳大量用户，于是改变策略，转而鼓励各节目栏目和制作人员，在全球受欢迎的社交平台，包括脸书（Facebook）和推特（Twitter），开设账户。目前所有的 BBC 节目栏目及制作团队都开设了社交媒体账户，不少还设专人负责维护，一方面借此获取更多的信息，同时也利用社交媒体平台，吸引用户就热门新闻话题进行讨论，然后再把这些讨论内容运用于节目。

Facebook 上市的市值大概 1000 亿美元，超过时代华纳、新闻集团、纽约时报、华盛顿邮报这几个公司市值的总和。再看中国，腾讯是 1998 年成立的公司，但它的销售收入比 CCTV、湖南卫视和凤凰卫视销售收入的叠加还多，是 1000 多亿元人民币，为什么一个刚刚起步的公司能比大的强势公司市值还高？

毫无疑问，新媒体不仅颠覆了我们获取信息的方式，还颠覆了我们的生活方式。Facebook 自诩将成为人类在线生活的入口——人类要上网，得先去它那儿。它认为它的出现甚至会颠覆谷歌——人们可以不用谷歌，因为在 Facebook 的小区里，什么都能干，不光是消费媒体、交友、电商、通信、互动、分享，一切的在线生活都可以。这就是它现在有这么高估值的意义。

全媒体产业链的融合，表面上看来像是产业链上、中、下游的整合传播，事实上更是内容平台的构建、传播平台的搭建和入口的全面融合，内容平台不仅仅包含新闻信息，还有视频、游戏、在线教育和电商等，形成内容产品内涵及外延的全产业链布局，而传播平台在于通过多屏的全平台传播，以及通过借助社交工具增强用户黏性的方式，形成内容＋通道＋入口的"无时差、零距离、全视角"的全媒体传播生态，即通过入口占领用户、通过传播平台黏住用户、通过内容平台让用户进行消费。

第十章

移动，移动

人类有两种基本的交流方式：说话和走路。可惜，自人类诞生之日起，这两个功能就开始分割，直到手机横空出世。

　　手机之前的一切媒介，即使是最最神奇的电脑，也分割了说话和走路、生产和消费。电脑之前的一切媒介都把人拴死了，或拘束在室内，或钉死在椅子上。手机第一次将这两种交流方式结合起来，人们从机器跟前和禁闭的室内解放出来，可以在高山海滨、森林草原、田野牧场一边走路一边说话，可以斩断把你束缚在室内和电脑前的"脐带"去漫游世界。

　　过去的电子媒介绝大多数是"单向"的媒介，或发送信息、生产信息，或接收、消费信息；用这些媒介时，你移动就不能说话，说话就不能移动。手机的无限双向交流能力，使其成为信息传播潜力无穷的第一媒介。[1]

—— 保罗·莱文森

---

[1]保罗·莱文森著，何道宽译：《手机：挡不住的呼唤》，中国人民大学出版社，2004年版。

2015 年，工信部最新数据显示，中国已成为世界第二大手机市场，拥有手机用户约 13 亿，移动互联网市场潜力巨大。

移动化正在改变我们生活的方方面面。人们购物、娱乐、旅行、学习、做决策和工作的方式，都已产生变化。

20 世纪 90 年代，中国有 5 亿条电话线，而现在我们面对着的是一个手机数量比人口还多的新世界。随着数十亿的传感器和设备被智能地连接起来形成物联网，我们将通过移动技术及其应用接触到各种形态的智能产品和服务。

互联网 PC 时代的十年繁荣已经接近尾声。

2013 年上半年，《移动互联网发展趋势报告》称，智能手机、平板电脑等移动互联网设备的人均上网时长，首次超过 PC，而且 PC 互联网用户向移动端迁移的趋势持续走强。

移动互联网成为主流已是必然，平台转移，内容需要重新聚合与分发，这便是移动互联网的创业红利与契机。

因特网结构委员会的《移动网站和应用使用偏好调查报告》调查了人口统计学属性对应用、网站的偏好。

购物：家庭收入超过 10 万美元的受访者比家庭收入不足 5 万美元的更喜欢网站（36%vs24%）。

新闻：家庭收入超过 10 万美元的受访者比家庭收入不足 7.5 万美元的更喜欢访问网站（32% vs20%）；男性比女性更喜欢移动网站（29% vs21%）

搜索：18 岁以下的儿童和少年非常偏好移动网站，占 46%；收入超过 10 万美元的受访者比收入少于 10 万美元的更喜欢移动网站。

搜索和社交是移动网站内容的门户，搜索和社交媒体推动移动网站使用量。

搜索和应用共享链接（首要是社交媒体）是移动网民查找移动网站的最普遍方式。

其他方面还包括口耳相传、电子邮件，社交媒体是人们分享移动网站经常使用的方式。

智能手机用户将搜索和应用内链接作为访问移动网站的重要途径。[1]

---

[1] 引自《移动网站和应用使用偏好调查报告》（IAB）
http://www.yidonghua.com/post/23555.html

● 移动互联网无处不在。

相信每个人都领略到了移动互联网浪潮的威力：智能硬件、可穿戴设备、物联网、大数据、云计算、人工智能，所有这些技术元素拼装成了一组完整的新财富基因，每一个行业，每一个企业，都面临着一个选择：颠覆，或者被颠覆。

因此，移动化战略是全媒体的主攻方向。

我们先看看两大搜索引擎的移动战略。

2015年3月，谷歌宣布正在研发一个名为安卓支付（Android Pay）的新型移动支付框架。这是一个允许其他公司在实体店和通过应用程序在安卓系统上进行安全支付的"应用程序接口"。谷歌希望借此将整个移动支付过程（无论是在线还是离线）形成流水线过程。

这是谷歌加速移动战略转型的新举措之一。

具有运营商背景的移动支付公司Softcard宣布于2015年3月31日永久关闭服务，而谷歌早就下手收购了Softcard的专利和技术。根据谷歌与美国三大运营商达成的协议，将在未来的Android手机中预装谷歌钱包，以取代这项应用。此后，又有消息称，谷歌计划收购全球最大的独立移动广告平台InMobi，以增强公司移动广告业务的竞争力。虽然InMobi否认了收购传闻，但谷歌对移动领域的觊觎和态度是非常坚定的。

业界认为，作为一家全球领先的IT企业，谷歌此番加速移动互联网战略转型一方面是形势所逼，另一方面也是自身发展的需要。

　　一直以来，谷歌所坚持的长期策略是将70%的投资用于核心搜索业务，20%用于辅助搜索业务，10%用于月球探测器项目。谷歌在搜索之外的许多领域展开探索，诸如高速互联网服务、无人驾驶汽车、谷歌眼镜等，但大量研发的投入并未带来更多的收益。谷歌依旧高度依赖于自己的发家业务——互联网搜索广告销售，而眼下搜索业务已日趋饱和，核心业务增速放缓。

　　由于世界转向移动领域而伴随的竞争加剧，谷歌将目光对准移动搜索是必然选择。从最新数据来看，谷歌在移动广告领域的优势已经建立起来了，但谷歌现在面临的是一个下滑的势头。占据第二大市场份额的Facebook虽说与谷歌还有很大差距，但上升势头不减。目前，Facebook在不断提高其移动广告的针对性，从而使广告主能更频繁地覆盖到某一细分市场的更多人群。[2]

　　未来3年移动广告支出每年将增长43%，预计到2018年将达420亿美元。

---

[2] 引自《通信信息报》，http://tech.hexun.com/2015-03-18/174168164.html

对于这个让人心动的数字，谷歌绝对不会袖手旁观。

业界一直认为在BAT（指百度、阿里巴巴、腾讯）三巨头中，百度的移动化速度是最迟缓和最不被看好的，但在经过一系列的收购之后，2014年，百度在移动端的收入比例突破30%，超过6亿美元。百度成为中国移动营收能力最强的互联网巨头，移动业务已经明显成为百度营收的推动力。

百度的移动战略分三大块：移动搜索、应用分发和LBS。

其一：移动搜索，轻应用和支付。

手机百度拥有卡片式应用、语音和图像搜索等特有的移动搜索功能。在某些节假日手机百度流量就超过PC百度，未来移动搜索流量必然会全面超过PC，成为营收增长的主要推动力。

移动搜索商业化另一个想象空间在于轻应用。轻应用与手机百度和百度钱包结合后，用户可直接在搜索页面完成订单。2014年五一假期，百度发起了景区门票半价游，为去哪儿网门票预订量带来了25倍的巨幅增长，可见其未来在移动营收方面的潜力。

其二：应用分发，分发广告为主，应用内支付和联运模式。

19亿美元收购91无线网络有限公司是百度移动崛起的标志。百度应用分发已占据行业头把交椅，市场份额达到41.5%，应用内支付分成以及联运，包括移动电商和手游这两个红利市场，极大地激发了应用分发的商业价值。

其三：LBS[3] 服务，精准推送服务与广告。

百度 LBS 月活跃用户近两亿、地图日活跃户近七千万，百度地图 APP 成为最大的地图 APP 已毫无悬念。

百度地图将与百度云协作构建开放的 LBS 生态，开展多种商业模式：LBS 广告、电话拨打广告；开放标注以获取商家资源；收集 LBS 的大数据，向用户精准地推送服务，提升用户体验的同时提升百度流量的转化率。如果未来地图可以放广告，百度可根据对用户喜好和习惯的研究，精准推送广告，同时将第三方使用百度地图接口的 APP 也纳入百度地图广告联盟的一部分，这又将形成一个 LBS 广告生态。

白度移动战略的目标是：在移动端再造一个百度。

与 IT 业相比，广播电视业开拓移动战略的速度与力度也不落下风。手机、汽车、便携笔记本和平板电脑等诸多移动终端，成为整合和呈现新闻信息的新平台。终端入网、推送和订阅、

---

[3]LBS 指定位服务。它是由移动通信网络和卫星定位系统结合在一起提供的一种增值业务，通过一组定位技术获得移动终端的位置信息（如经纬度坐标数据），提供给移动用户本人或他人以及通信系统，实现各种与位置相关的业务。

APP 应用、个性化定制的"移动阅读",在报纸、广播电视、通讯社的新媒体战略中,占有重要地位。美国纽约时报、华尔街日报、英国卫报,BBC、CNN,美联社、汤森路透集团,都在不遗余力地打造移动新媒体。

《经济学人》2011 年 7 月的文章《新闻的未来:重返咖啡馆》中展望了社交媒体对新闻业的改造,人们从大众传媒的时代"回归"到人际之间"说"新闻的信息传播方式,互动是 Web2.0 时代的重要特性,移动化使这种互动可以随时随处进行。国际媒体的收费模式也在向移动性延伸,传统的"捆绑销售"模式,正在让位给"分类计价"的新模式。

BBC 采取的是碎片化移动策略,推出各种适用于手机的应用程序,主要有 iPlayer[4]、BBC News、World News 等。其中 BBC News、World News 两个应用让用户可以随时收看国内和国际新闻信息,iPlayer 应用让用户可以通过手机收看或下载电视电台节目。

和其他传统媒体相比,BBC 的移动应用倾向于提供音视频

---

[4] iPlayer 是 BBC 推出的一项播客服务,可以让用户点播过去 7 天里电台电视台播出的节目。

娱乐信息。比如以新近电视剧为主打，将视频精彩片段、关键情节和一周集锦剪辑成短片，用户可轻松地下载观看。此外，BBC还按照网站新闻板块提供内容，向发送短信的使用者提供简短的内容概要、主题联结，供使用者进行深层次阅读，包括：新闻、汽车杂志、视频短片、足球、广播、电视剧《神秘博士》，以及BBC音乐。[5]

在全球性的重大新闻事件中，用智能手机拍摄的素材正成为主流新闻摄像的一部分。CNN在其移动战略中推出了iReport服务，让世界媒体眼前一亮。

iReport可以理解为"我的报道"，是由网民将采集的新闻素材上传，经CNN审核后给予发表的消息、评论、图片等。在报道埃及总统更迭和叙利亚内战时，CNN共收到6300份图片和新闻素材，其中有450个被采用。iReport分别从驻地记者、美联社和当地居民3个新闻管道得到了迅速、全面的消息，其快速反应能力、娴熟的新闻处理能力和丰富的现场报道使CNN展示了世界大台的风范。

[5]陈昌凤、仇筠茜：《移动化：媒介融合的新战略》，载《新闻与写作》2012年03期。

iReport 于 2006 年 8 月 1 日在 CNN 正式推出，这是一个主流新闻机构历史上首次让它的观众看到公众和记者的混合报道。而他们在 2011 年 11 月发布的新版 iReport 与其说是关注市民新闻的网络，不如说更像一个社交网络。当用户注册 iReport 后，可以选择浏览他们感兴趣的话题，如政治、健康、旅行、美食等，或向其投稿。此外，他们还可以与其他关注此项内容的投稿人互动。

CNN 数字总监兼 iReport 团队主管莱拉·金在一次电话访问中说："我们团队的意图是，你能早早告诉我们你可能参与的话题，以后我们就能追溯到你。我们想重塑这样一个概念，那就是 iReport 不仅仅在更新故事，而是通过一个个故事与那些关注它们的人建立联系。"

有 8 名 "CNN 数字" 职员负责监督 iReport，并向用户推荐新闻；此举每个月预计会吸引 250 万用户。从 2006 年到 2011 年，iReport 吸引了 95.5 万撰稿人，并且每月在其中获得大概 1.5 万封稿件。其中，iReport 工作人员提供的稿件只占 7%。同时，每个 iReport 的用户都有个人资料页，显示该用户最近的活动、更新的文章以及浏览者的评论等；同时，用户也可以通过发表帖子和评论赢取勋章。

根据每位用户关注类别的不同，他们所获得的推荐新闻也不同。此外，CNN 可以根据关注度不同，更方便地找到他们的目标撰稿人。[6]

面对这个快鱼吃慢鱼的时代，凤凰也不敢有丝毫怠懈。凤凰新媒体团队从 2012 年开始，提出全面拥抱移动互联网，力求在四个方向上有所突破：

第一，PC 互联网业务的移动互联网化，这是我们的战略重点。在这个时代，没有移动互联网策略的公司必死。但如果认为移动互联网业务仅仅是在 SP 领域，仅仅是设立一个无线部门，那也必死。我们必须把移动互联网业务跟我们既有的 PC 完美地融合在一起，打破行业人为设置的藩篱，实现思路与机制上的突破。

第二，让自媒体成为凤凰全媒体的一个重要方面军。在新闻评论的发布平台上，在专题的包装上，在 PC 互联网反映微信、微博的内容以及向微信、微博平移上，在利用微信、微博推广PC 互联网内容上，都要有全新的举措。

第三，视频多终端业务要进一步突破和布局。

第四，用全媒体的思路，整合网台的资源，如凤凰网举办的

[6]斯年：《CNN 发布新版 iReport 吸收社交网络之所长》，
http://news.sina.com.cn/m/2011-11-18/133723487772.
shtml

美丽童行、汽车盛典、时尚盛典、财经峰会等活动都贯穿了这个思想。

与此同时，我们还要做到三个坚持：一是坚持在流量和广告收入上冲击门户最前列；二是坚持新闻加纪录片为主的视频的蓝海策略，要抵住电影、电视剧的红海诱惑；三是坚持我们对游戏的战略优先级别。

凤凰新媒体自2014年以来，3次收购"一点资讯"股份，累计投资约7000万美元。凤凰由此成为该公司第一大股东。同时，小米公司作为一点资讯的第二大股东，持股约占30%。小米宣布，小米生产的中国智能手机及平板电脑上全部搭载一点资讯客户端。凤凰与小米的这一举措，被称为"中国媒体界最大的新闻"。

可能大家会问，为什么有了凤凰新闻，还要有一点资讯？很简单，这两个产品定位不同。凤凰新闻客户端是针对高端客户和主流人群，一点资讯是针对广大受众，不仅针对时政新闻，还包括娱乐、生活等各种实用性知识。基于大数据分析的个性化定制，通过海量信息对接用户的生活和娱乐，这是它们的区别。

那么，现在市场有这么多的客户端，一点资讯的优势在哪儿？

第一，一点资讯是下一代的、颠覆性的，能重新定义移动互联网资讯和内容消费的平台。一点资讯是一款基于用户兴趣、个人定制的资讯APP。以算法推动的"兴趣引擎"，依据用户已有

● 凤凰和小米控股一点资讯。

凤凰和小米控股的一点资讯。

兴趣数据向其推送个性化内容，从而实现精准化的新闻推荐。你在这个平台上，可以将任何感兴趣的主题设为频道，每天机器在后台抓取最优关键词，将资讯推送给你。

第二，一点资讯是一个信息分发平台，站在浏览器、搜索、应用商店、新闻客户端的交叉口，它的特殊之处在于它有搜索功能，你可以完成阅读也可以完成搜索。

第三，这个平台是开放式的，是移动互联网时代的"火药"。火药能激发定制，也能使自媒体应用者在这里建站，把一个很窄的东西进行商业化运营。因为我们知道你在搜索什么，定制了什么样的关键词，看什么样的频道，我们能更精准地绘出你的方向，进行更精准的内容推送，同时也能使我们的广告精准有效地触达用户。

第四，这款产品的企图心，绝不仅限于中文世界，我们很快将在硅谷成立新公司，主打英文的同类产品，立志要向全球英文受众提供信息聚合类服务，真正实现向世界发出中国的声音。

福布斯中文网称，一点资讯对今日头条的威胁最大。凤凰对一点资讯的增持，将让一点资讯迅速成为移动新媒体中的一匹黑马，同时也将掀起一场移动新媒体的武林大战。

2014年，一点资讯的用户覆盖量增幅高达1950%，成功跻身为国内用户覆盖率第五的资讯新闻移动应用。2015年，一点资讯跻身为国内用户覆盖率第三的资讯新闻移动应用。目前一点资讯的日活跃用户总量已经超过 2000 万。

凤凰增持一点资讯后，将把凤凰客户端、凤凰视频客户端、凤凰移动网站、凤凰 FM 客户端等产品与一点资讯相互打通，形成一个巨大的移动新媒体联盟。依靠凤凰在媒体界的影响力和内容资源，加上小米在用户渠道上的全力支持，一点资讯将对当前移动新贵今日头条产生巨大的威胁。与一点资讯一样，今日头条也是凭借着兴趣推荐成为移动用户最喜爱的新闻客户端之一的。

购团邦资讯创始人刘旷说，一点资讯在未来与今日头条的较量中具有明显的几大优势。其一，小米会在所有的小米手机、小米平板电脑中全部预装一点资讯客户端。未来小米手机和平板用户的逐渐增多，也就代表着一点资讯的移动用户也会不断增多。从目前小米手机和平板迅猛的增长速度来看，大可预见一点资讯的未来前景。其二，一点资讯在凤凰团队的大力支持下，相比今日头条来说将具有明显的内容优势。此前，搜狐、网易、腾讯等知名媒体对今日头条的抓取屏蔽已经让其丧失了大量的优质内容供应。其三，全球化的扩张，一点资讯将会比今日头条跑得更快。借助小米手机在全球市场的扩张和凤凰新媒体在国际上的影响力，一点资讯将很快打进国际市场。

这次收购传递出来的信息是，在移动化浪潮中，凤凰已经开始进行新的布局。凤凰网、凤凰新闻客户端、凤凰视频客户端、手机凤凰网、凤凰 FM，加起来已经覆盖了全球超过 3 亿用户，但我们如果在移动端落后，就会被"一票否决"。我们一直在思考如何用弯道超车的方式，加速实现我们在移动互联网上的转型，确立并巩固在移动平台信息入口领先者的地位。幸运的是，我们通过这次收购，与小米和一点资讯团队结成了强大的移动端联盟，组成了梦幻般的技术队伍，进行了优质资源的强强组合，在移动端再造一个凤凰，将成为凤凰全媒体战略的最大亮点。

追求商业成功，不忘媒体使命，在所有网络设备支持的平台上，给全球华语网民以温暖、快乐和力量。这是我们拥抱移动互联网的家国情怀。

第十一章

台网联动，"杂牌军"变身主力军

台网联动的做法与效果

一种媒介使用另一种媒介时，使用者就成为它的"内容"。汽车装在火车上运输时，汽车是在使用铁路，于是它就成为铁路的"内容"。同理，当装载它的是货柜车时，它使用的就是公路。以此类推，印刷术使用手稿、电视使用电影、电影使用剧场、文字作品使用声音等，都是这样的情况。杂交也好，母体承载子体也好，都要产生新的化合物，像有声电影或"无马拉的车"一样。

——H.M. 麦克卢汉

在电视台所孵化的网站中，凤凰网的用户覆盖数、流量都是遥遥领先的。不仅与华语电视台的网站相比如此，在全球所有媒体公司发展出的网站中，凤凰也高于 BBC、CNN、ESPN 等国际电视媒体的网站。

成功的做法之一，就是台网联动。

前面我多次讲到，传统媒体办网站，存在观念上、体制上、协作关系上、组织隶属上的种种制约与矛盾，两个班底，两套人马，两种思路，两种不同的优越感……

对于凤凰来说，这些困难我们一个也不少地都遇到了。我们是怎么从这条河里蹚出来的呢？

凤凰网建立之初，十几个人，七八条枪，无疑是凤凰卫视内容制作团队里的"杂牌"。那时候，凤凰网每年需要凤凰卫视投资 800 万元才能活下去，你想让他们强势也强不起来。后来，情况就有变化了：

一、从制度上、装备上强化"杂牌军"的实力，给予相应的权力，形成内部竞争关系。

凤凰早在 2006 年就对于台网关系做出了战略定位，比如，规范了凤凰卫视节目的新媒体版权由凤凰网运营，规范了"凤凰三名"（名记者、名主持人、名评论员）统一由凤凰网来统筹网络市场的宣传与合作（并非不允许在其他平台上宣传，而是在优先保证凤凰网宣传的情况下再向外延伸）。这些规定，纲举目张，很好地统合了内部资源，也使台网的关系在一个清晰的架构上发展。相比而言，央视晚于凤凰两三年才建立类似的资源规范制度，有较长的时间是各个节目、各主持人自发去和外部网站合作，分散了资源。而湖南、浙江、江苏等强势卫视的自办网站，因为流量、影响力较小，可以提供给节目的协作手段不多，无法满足节目传播需要，只能让节目、主持人开放和外部网站合作。湖南卫视是在 2013 年才确立了自身的"独播策略"，规定旗下所有节目不再授权，只能在其新媒体芒果 TV 上观看。

凤凰卫视与凤凰网的台网关系在凤凰新媒体上市后，发生了根本性的变化，随着凤凰网实力的增强，凤凰视频客户端、手机凤凰网一步步打通了纪录片的互联网传播渠道。2015 年，《凤凰大视野》节目全网推出《以我之名——同性恋群体实录》五集系列纪录片（H5 推广页，三天内阅读量接近 5000 次），不仅引发程青松等知名电影人在知乎社区开展专题讨论，更在社会平权方面展现了凤凰媒体人一贯的担当精神。同年，由《皇牌大放送》栏目全网推出的《青山遮不住——海峡两岸纪事》，聚焦"习马会"，在凤凰视频单期流量接近 400 万；《冷暖人生》全网推出《我的兄弟我的连》，促动对越自卫反击战战俘老兵首次直面镜头，在凤凰视频单期流量接近 200 万——在社会人文纪录片领域，进一步体现了凤凰对华人社会的重要影响力。

除通过全媒体平台推送凤凰卫视的自制纪录片栏目，凤凰视频还在 2012 年发起凤凰视频纪录片大奖赛，这是首个由互联网企业发起对纪录片的大赛，至今已连续举办四届——体现了凤凰在发掘、推广中国纪录人方面的诚意与实力。2015 年，现任凤凰卫视中文台副台长、总编室主任黄海波先生兼任凤凰网视频纪录片总策划，推动凤凰网开启"全民纪录元年"。

开始，凤凰网与凤凰卫视的协同，是将节目平移到互联网上。最初实现这一点时，我们非常兴奋和激动，认为这为凤凰卫视的落地打开了一片新天地。但是，随着认识的深入，我们意识到，电视与互联网播出平台的不同特性决定了节目形态肯定是不一样的，电视台的节目平移到网上只是改变传播方式，这种缺乏创造性的"复制"无疑是死路一条，只有充分开发节目的互联网属性，包括社交的特性等，才可能带来网络发力的特色。于是，我们组建了凤凰新媒体的原创部门，配备了电视的采、摄、编、播设备，使这个部门变成一个小型的电视台，使他们能对电视节目加以改造、改编，突出互联网的特色。

总体来说，凤凰互联网视频制作团队显示出的策划创新能力、对敏感热点事件的把控能力，以及编导、摄像的技术实力都让人刮目相看，非常专业。

以人文口碑、市场价值双赢的《甲乙丙丁》栏目为例，《甲乙丙丁：寻找未知的自己》以"VOLTWOMEN 的首位亚洲籍马拉松选手沈梦云"等三位青年的成长故事，折射出新生代的自我认知历程，这个栏目坚持了 5 年，2015 年被中国视协评为十佳纪录片栏目。在商业化方面，也进展顺利，如与中移动合作的《新的生活梦想者》项目、以及与东风日产合作的《寻找未知的自己》项目，都是采用了系列微纪录片形式。

凤凰网在"9·11"10 周年时策划制作的纪录片《再看中国人的美国观》，用街头巷尾随机采访的方式，采访了中国社会各阶层对 10 年前美国遭遇恐怖袭击的看法，非常准确地表现了中国人对于美国这个世界霸主的复杂心态。这个视频被凤凰卫视的《天下被网罗》和《凤凰精选》选用。

在网台合作方面，凤凰视频原创出品的《说给 2014 之说给孩子》，相继在凤凰卫视中文台、欧洲台、美洲台、澳洲版播放，在全球华语圈赢得了极大反响，这也是凤凰视频原创节目首次在凤凰卫视播放；同时，凤凰还积极和地方卫视、省市政府等展开合作，2014年和江苏卫视联手打造、东风风行冠名的《你所不知道的中国》，创造首个互联网、电视同步播出的纪录片节目；2016年由兰州市委宣传部、兰州银行联合出品的《金城兰州》，更是先于央视在凤凰视频播出，开创了网络首播、电视接力、多轮推广的梯次传播模式。

在全媒体剧场产品方面，凤凰视频"创纪录剧场"（2015年4月上线）全年总流量高达4.5亿，参与打分人次超过1.36万；同年6月，凤凰视频联合各界社会力量，主办"创纪录"线下赏映会超过40场，累积吸引知名学者、媒体人、白领青年、高校学生近5000名——成为业界最具商业吸引力的"处女地"。

凤凰网类似策划和专题片，由网站的卫视频道推荐给凤凰卫视合适的节目，每年有一百多条(部)被采用。网站原创视频的火爆，对卫视节目也是一种压力，促进了节目质量的提升。

二、硬性规定协同制度，逼迫双方想办法沟通。

这一点涉及"顶层设计"了。台网互联，如果仅仅有想法、有一般性的要求，就会流于泛泛面谈，无法真正实现。我的体会是，不能把台网互联互动变成部门间的协作。"协作"是个有弹性的词语，部门之间没有压力，大家光顾着去种自己那一亩三分地，谁愿意节外生枝，去额外搞"协作"呢？

凤凰规定的台网联动是死任务、硬指标。电视节目和网站做了不少打通的尝试，互相借力的尝试，让优质内容在不同的介质、不同的屏幕上流动开来。

"现场为王"，媒体为翼，组合传播。2011 年 3 月 11 日，日本发生 9.0 级地震，凤凰卫视第一时间与驻日记者连线，资讯台进入突发事件直播状态。与此同时，凤凰网也做出迅速反应。据监测，凤凰视频反应最快，地震几分钟后就发出第一条视频，此后十几分钟内，专辑和专题一气呵成。在后续报道中，凤凰视频共发八百多条视频新闻，包括快速聚合、独家现场连线、集纳国内外网友的原创视频等多样化报道手段，将强震来袭、海啸汹涌、核电抢险、紧急救援等惊险场面，用专辑、专题、互动等方式，分类聚焦、组合传播。通过视频选取、制作和标题拟定、优化等手段，把撼人心魄的灾难现场、爆炸瞬间、生死营救等内容，最快速、最鲜活地呈现在网友面前。视频网站"现场为王"、媒体为翼、组合传播，成为凤凰卫视全媒体化一个标志性的报道案例。

2012 年伦敦奥运时，我们硬性地规定了台网联动的要求。窦文涛的《锵锵三人行》《锵锵五环行》和《伦敦下午茶》，由节目和网站在伦敦共同制作，全媒体体现得比较充分：在直播页面上的右上角有网络主持人，下面有网络聊天室，旁边有网友和窦文涛互动，有捧场、撒花、扔鸡蛋等互动手段，去伦敦之前就有网络主持人的提前网上海选……这种电视和互联网的品牌联动，大家可以在渠道上各自应用自己的优质资源网站去打通，微博、门户、搜索，电视台利用自己 TV 的节目，新闻、预告片花等，在渠道上做真正的细分化分工。

加强了民调的互动和植入。凤凰网会专门为凤凰卫视评论节目打造调查页面，包括《全媒体全时空》《时事辩论会》（固定每日有互动）《时事开讲》《华闻大直播》《天下被网罗》《有报天天读》《震海听风录》《石评大财经》等。

凤凰卫视使用凤凰网推荐的内容与视频。《总编辑时间》《时事直通车》《有报天天读》等节目都在使用凤凰网的专题和网站原创部门拍摄的视频内容。

追求"CALL IN"互动效果。在凤凰卫视访谈和脱口秀节目制作中，已开始充分融入互联网的互动性，在节目制作初期就通过互联网预告节目内容，吸引网民的注意，同时也请网民对嘉宾和议题提出设想。节目中，主持人通过网络即时与观众沟通，让网民在电视发声。节目播出后，再通过网站对节目嘉宾和议题做网上调查。这种节目制作方式通过网络平台实现互补、互动，冲击力和影响力得到加强。

策划选题从源头上要求全媒体。在选题和项目出现之初，就考虑全媒体的参与。过去，电视节目一般会按自己的玩法发起某个电视行动，网站只能按照电视的节奏来走，现在一开始就是按全媒体来推进和策划的。这样在传播过程中，我们可以埋下引爆点，既不影响电视的播出，又适宜网站后期炒作。凤凰 2015 年推出的《全媒体大开讲》节目，从策划、团队、流程操作、平台资源上都做到了深度融合。节目制作团队由卫视中文台、资讯台、凤凰网、凤凰广播几部分组成，节目共同策划，每天在凤凰卫视中文台直播 80 分钟，直播由这几家媒体合作完成。在电视直播的同时，节目在凤凰新闻客户端、视频客户端开辟了直播区，直播区由凤凰网的网络主持人掌控，随时发起话题，调动网友参与，网友在手机直播区以视频、文字、图片等多种方式互动，这些实时互动又随时可以择其精华体现在电视节目中。这种全媒体电视形态，在业内算是独创。

人才培养的全媒体化。现在有一些报纸在尝试网站和编辑部完全打通混排的这种并肩作战的方式，就是全媒体的平台，全能型的记者。同一个报道可以有不同的团队或者相同的团队，它的职能是全平台化的，就是说不光给电视供稿，还给网站供稿，甚至一个事件的突发新闻、深度稿件、记者手记、专题节目全都出自一人之手。人员的全能型是高质量的原创，全媒体播出是高效率的技术保障，这一点上我们很早就着手在做。

在内部的互动关系中，凤凰网的角色相当于"秘书长""总协调"，负责对凤凰各媒体每天发生的新闻、事件、进展情况进行监控、协调和通报，并在制度上将其固定下来：

一是建立沟通平台。凤凰网卫视频道作为网站与卫视的沟通桥梁，与卫视主持人、节目组建立全线对接，建立双方有效的沟通机制。双方有好的内容，都会通过邮件和电话的形式形成资源共享，并在双方的平台上体现。

二是凤凰网对凤凰卫视内容随时监控，快速反应。

1. 媒资部：24 小时监控卫视两台的节目，所发现的节目亮点，即时在企业通信平台向全站值班人员通报；重大题材，会立即打电话给分管总监或总编辑；各部门选用、推荐到恰当位置。

2. 卫视频道：监控信源为——

（1）从中文台、资讯台的日常合作中获取信息；

（2）每天早上参加卫视资讯台的早会；

（3）参加每周二卫视的节目会；

（4）与北京、香港公关部的定时沟通；

（5）总部的重大报道通知邮件；

（6）卫视频道与卫视各个节目组、制片人建立日常沟通，有需要网台互动的随时沟通；

（7）凤凰网各部门得到信息，向卫视频道提出倒查信息，进而打探出消息及获取潜在资源；

3. 内容部各部门的日常监控：

凤凰网内容部各部门对卫视播出节目的重点内容提出需求，媒资、卫视频道配合支持。

三是凤凰网对凤凰卫视内容的二次传播。

1. 视频组合传播：

媒资部每日早7点，向全站发邮件通报过去24小时"凤凰重点节目视频推荐"；建立了全站168人参与的"视频组合传播群"。各频道会把这些视频插入相应的文字稿中，进行组合传播。

同时，还重新按照自己的逻辑思路配合卫视节目内容，进行深度再加工。

如配合凤凰大视野的纪录片《以色列立国智慧》，凤凰网做出了视频组合专题报道《爱与黑暗——探寻以色列的立国智慧》，共组织了21篇关于以色列历史与现状的文章，从犹太民族的起源，到美国白宫的犹太裔高官，从以色列的军力强大之谜，到以色列崛起的内在因素，一一解析，让观众大呼过瘾。

而在著名科学家钱学森去世时，凤凰网利用凤凰卫视的历史节目，在互联网领域，以最快时效，推送出了最翔实、全面的媒体报道。

2. 24小时即时听打新闻：

安排了速记公司24小时值班，听打凤凰网各频道对卫视新闻的文字需求，并通过邮件发送到相关频道，各频道对内容发布后会在相应的位置体现。

3. 专题节目文稿共享：

速记公司听打凤凰卫视所有专题节目文稿，由全站相关频道预定并共享。过去一晚的节目，可以都在早 9：00 前发到各需求部门的邮箱。节目组提供的文稿以博客、邮件形式共享。

数据：听打《锵锵三人行》《总编辑时间》等 12 档日播节目；

听打《军情观察室》《冷暖人生》等 30 多档周播节目。

4. 凤凰动态消息：

来自公关部的凤凰新闻稿、现场独家稿，由卫视频道向相关部门推荐。

5. 凤凰名人博客、微博内容在卫视频道发布，有重要内容时全站共享。

6. 节目"边角料"：

一些在节目中没有体现的内容，如《一虎一席谈》《寰宇大战略》等节目，会把在节目中不适合播出的一些精彩的内容，发给卫视频道，在凤凰网来重新传播炒作。

7. 发表凤凰独家图片：凤凰主持人、评论员的私房照，大事件的采访照、工作照都是有价值、有流量、有品质的内容。

四是请凤凰主持人参与凤凰网自创节目。凤凰网约请凤凰名主持人参与的常设节目有吴小莉每年两会时的节目，尉迟琳嘉的大型综艺节目《诚人之美》，闾丘露薇的《全民相对论》和逆光系列。这种合作，并非靠友情、靠规定，而是付给相应的劳务费，这样才能调动他们的积极性，合作也更为长久。

五是台网协作向移动端延伸。凤凰网在移动端的台网协作也有一些有价值的动作：比如，在凤凰新闻和凤凰视频、凤凰FM这几个凤凰的客户端上，都设置了凤凰卫视的直播、节目社区、主持人社区等，网友可以非常方便地在手机端订阅和享受凤凰的节目产品，不论是图文、视频，还是音频的需求，都有不同的客户端承载，把凤凰卫视在电视端的影响，一鱼多吃，向全媒体领域延展。同时，移动端更方便组织互动，用户在移动端不仅是消费内容，还可以在互动中贡献内容，这种参与感是用户感受中最为重要的。

这个层面的深度融合，知易行难，因为要解决各自子媒体之间组织管理、资源协同、利益考虑、各自收益等很多方面的现实问题。凤凰依靠集团的顶层设计，在各子媒体高管的战略认知层面先统一了步调，后边的协同就比较顺畅了。

协调凤凰卫视与凤凰网做出这些动作的，主要是凤凰网的视频原创部门，他们的全部人手只有六个。他们的工作激情与效率让人惊叹。这支所谓的"杂牌军"已经成长为合格的正规军，而且有超越的势头和愿望。

凤凰视频原创部的负责人李鸣不仅非常能干，视野也很宽阔，他对目前的台网联动、报网联动、多屏融合、多网融合、多终端暗战有几个预测，我比较赞同：

预测之一，电视台的第一媒体强势地位正在被削弱，广告增速在减缓，新媒体、网络视频广告增速在加大。反观网络视频在营收和覆盖、影响力上的表现，超越电视已经是指日可待的事情。在这个过程中，台和网的形态在逐渐地改变，未来可能很难说谁是台、谁是网了，因为台和网的边界正在逐渐模糊和融合之中。

预测之二，可能在不久的将来，台网概念会成为一个过时的概念，因为台网融合含有太鲜明的台和网各自的主体，台和网相对强势的标识，其实全媒体时代里仅仅有台和网是远远不够的，凤凰一定要整合自己所能拥有的所有手段，才可能给自己的受众以及广告主更好更大化的回报。

预测之三，在台和网之间谁会成为变量，有这样几个可能性：

1. 台网之间不要忽略资本的雄心。亚马逊已经收购传统的报纸，苏宁易购估想着要不要收购媒体，阿里巴巴也有相应的动作，多资本都发现掌控媒体的价值，不要忽略在台与网之间资本有可能带来的变量，未来很有可能由资本推手带来融合的概念与手段。

2. 技术的变量。盒子、协议等发展，技术正在改变大家消费媒体的形态和生态，它又能进一步推动台网之间的融合，产生全媒体融合的新玩法。

3. 入口的变量。移动互联网下一步可能给我们带来什么样的改变？也许入口会成为一个非常巨大的战场，掌控入口的是手机上的超级 APP，是一些超级应用，当这些应用具有整合媒介内容的可能性，有足够好的交互性时，它们会成为台网和全媒体之间新的变量。

4. 内容的变量。当一个独立的节目生产商生产出类似《中国好声音》这样的节目时，已经尝试了打通上下游产业链的可能性，当这些强势的制作出品机构拥有了足够的影响力的时候，是否会在上下游打通方面成为全媒体的变量？

5. 广告主的变量。无论对台还是对网，广告客户都拿着最大一块收入来源。有雄心的广告主，或有雄心的广告代理公司，当他们自己迎来了对媒介生态改变滞后效应之后，广告代理公司内部传统电视投放部、互联网投放部消融之后，他们是不是有更大的雄心影响全媒体和台与网的生态，也是值得关注的变量。

无论是台与网的融合，还是媒介生态的改变、移动互联的崛起，都是考验传媒人战略眼光的时候，也是考验传统媒体执行层是否有足够高的智商和情商。只有不断地尝试，大胆地否定自我、超越自我，才能把已经能够看到的机会抓到自己的手里。

伦敦奥运会：凤凰首次全媒体合作的尝试

　　凤凰新媒体视频原创部在伦敦奥运会期间开创性地与凤凰卫视、凤凰卫视欧洲台进行合作，推出了两档直播节目《锵锵五环行》《伦敦直播间》，一档人文化访谈节目《伦敦下午茶》。实现了全球多地演播室互动的接力式奥运报道，从伦敦到香港，从香港到北京，以全球视野报道奥运，以中华情怀凝聚华人的激情，释放华人心中的呐喊。

1. 推出三档伦敦制作的原创节目

《锵锵五环行》。这是一档主要以评点奥运赛事，畅谈英伦文化为主的网络脱口秀节目。与《锵锵三人行》形态类似，窦文涛和许子东搭档主持，但该节目设置了"锵锵凤女郎"的新角色，令人眼前一亮。作为网络民意观察员，她的任务是拉近窦文涛与网友的距离。

节目地址：http://v.ifeng.com/program/qqwhx/

《伦敦直播间》。节目选择把直播镜头从比赛现场转向奥运全景，利用凤凰卫视遍布全球的优势资源，邀请世界各大媒体记者及常驻伦敦的名人学者，为观众提供更全面的奥运资讯和更具深度的热点评析。

节目地址：http://v.ifeng.com/program/ldzbj/

《伦敦下午茶》。提供一个轻松的交流环境，用互联网化的视频"提问—回答"来结构主持人和嘉宾的对话。把五花八门包罗万象的问题带到伦敦，请嘉宾给出风趣幽默及有传播力的答案。

节目地址：http://v.ifeng.com/program/ldxwc/

2. 凤凰台网人力资源的联动

凤凰新媒体在伦敦制作的这三档节目，共制作51期节目。节目得到了凤凰欧洲台和总部的大力支持。

（1）欧洲台的硬件支持

三档奥运节目中有两档是演播室节目，在伦敦的欧洲台总部为凤凰新媒体的原创节目提供了虚拟演播室来进行网络直播。

（2）总部的技术团队支持

奥运期间凤凰新媒体的三档节目中有两档是演播室节目，凤凰香港总部的同事为这两档网络直播的节目提供视频信号、导播、演播室技术的支持。

（3）凤凰卫视主持人资源的共享

《锵锵五环行》由窦文涛担当主持人，节目形式打破了《锵锵三人行》的固有模式，加入了凤女郎这一角色，采用线上线下共同运营的方式网络海选出凤女郎，使节目的元素更加丰富，气氛更加轻松。同时节目还通过网络进行直播。

《伦敦直播间》由傅晓田担任主持人，这也是凤凰网第一次制作日播的新闻节目。

附录二

网络原创节目打开凤凰主持人的新天地

《全民相对论》

《全民相对论》国内第一档网络原创时事辩论节目，是凤凰视频定位最高端、制作最精良的原创品牌。

《全民相对论》聚焦当下最受关注的公共议题，汇集最具代表性的声音，成为多元意见的对话平台。节目以平等、包容、建设性的姿态，探查公共议题的现象与本源，为公民社会发声。节目自2011 年年初开始每周推出，业界评价"是对传统谈话节目的一次颠覆"。《全民相对论》看得更清楚，辩得更明白。

节目地址：http://v.ifeng.com/quanminxiangduilun/huizong/

《逆光》系列

"逆光"，即逆向穿过聚光灯反思背后的新闻真实。"当舆论的喧嚣散尽，那些被改变的命运正在走向哪里？那些聚光灯之后的背影，似乎更值得我们解读。"节目提出的问题，恰好命中网络围观的盲点，一开题即扣人心弦。

为了重新审视 2012 年几个焦点事件，主持人走出演播室，跨越6700 公里，来到北京、上海、香港、西安、武汉、永州、宁波、温岭等多个城市的事发现场，选取多个新闻背后的人物作为回访对象，如《中国好声音》总导演金磊、被劳教的母亲唐慧、要求官员财产公示的大学生刘艳峰、微博"约辩"异地高考权的女孩占海特，还有反日游行亲历者、PX 事件参与者、温岭被虐儿童的父母等。

与闾丘露薇的合作

2012 年年初，闾丘露薇正式担任《全民相对论》节目主持人。在制作网络原创节目之后，闾丘露薇的网络影响力不断扩大，网络的曝光率也随之增加。

这种台网资源联动的打法不仅提升了网络原创节目的内容深度和知名度，同时主持人在网络上也拥有了更多的话语权。在网络上曝光率的增加也促成闾丘露薇转型成网络名人。

2012年年初阎丘露薇正式担任《全民相对论》节目主持人。在制作网络原创节目之后，阎丘露薇的网络影响力不断扩大，网络的曝光率也随之增加。

赞！
赞！
赞！
赞！
赞！
赞！
赞！
赞！
赞！
赞！

"逆光"，即逆向穿过聚光灯反思背后的新闻真实。

2012 年节目地址：http://v.ifeng.com/special/2011pandian/

2013 年节目地址：http://v.ifeng.com/program/special/niguang2012/

与尉迟琳嘉的合作

《诚人之美》

《诚人之美》是一档大型综艺节目，风格偏近《国光帮帮忙》等台湾综艺。来者皆诚人，这是网罗成人话题的舞台，打造最私密、最火辣的聊天体验；谈笑有火花，这是一个帅哥美女的派对，众多个性美女在此释放自己的非常表达。

"10 位个性美女 +3 位中国型男 + 尉迟琳嘉领衔主持群"构成节目基本模式。

同时，《诚人之美》是一档极具包容性的节目，在脱口秀这一种节目形态的基础上，综合多种综艺娱乐元素的优点于一身。节目基于对年轻综艺节目受众需求的精准洞悉，设置了一个属于"熟人"和"诚人"的场，并开放性地欢迎受众的互动加入，节目的话题都是朋友间最司空见惯、津津乐道的，也都在节目中得到最诚实、最个性的表达。

附录三

凤凰卫视与凤凰网的品牌呈现方式

1. 凤凰网建有凤凰卫视的官网

凤凰网负责推荐凤凰节目的预告，重点节目视频，文稿，凤凰动态，大活动专题等。为凤凰卫视 1998 档新老节目建有节目专区，专区里面可以看到节目简介、播出时间、主持人，节目三年内的所有完整和分段视频，及专题节目近 7 年来的节目文稿；同时，为 50 位凤凰主持人、评论员建有个人专区，专区里面有主持人的个人简介、主持节目的链接、主持人的最新动态、相册等信息。

2. 凤凰网首页要闻

主要由资讯中心选择最具凤凰特色的内容在首页要闻里体现。

目前实现得相对较好。

3. 各内容部门在凤凰网首页、频道内使用

各内容部门按照频道特色，推荐使用凤凰独家内容。各部门使用效果、质量参差不齐。

4. 专题、产品

各内容部门在专题中使用凤凰独家视频、图文、博客、评论等内容。各部门使用效果、质量参差不齐。

5. 手机端

凤凰卫视内容在手机凤凰网、凤凰视频客户端和凤凰新闻客户端都有节目区，对凤凰的内容进行推广，并在重要版本对特色内容进行重点推荐。

凤凰卫视对凤凰网品牌的展现

凤凰网在凤凰卫视的体现形式分为字幕、口播、电脑背板、宣传片、网台互动等。例如，《军情观察室》节目在最后会以滚动字幕形式呈现"互动媒体：凤凰网""手机媒体支持：手机凤凰网"；《锵锵三人行》结尾的滚动字幕为"鸣谢：凤凰网"。

还有以下这些例子：

标注凤凰网和手机凤凰网地址：《有报天天读》《财经点对点》

标注"网络支援：凤凰网"和"手机媒体支持：手机凤凰网"：

《天下被网罗》《凤凰全球连线》《华闻大直播》。

标注"互动媒体：凤凰网"和"手机媒体支持：手机凤凰网"：《凤凰早班车》《时事直通车》。

标注"网络支持：凤凰网财经频道"：《风云对话》。

标注"网络支援：凤凰网财经"：《股市风向标》。

标注"网络支持：凤凰网"：《鲁豫有约》（该节目同时也标注了新浪 logo）。

标注节目的凤凰网专区地址：《凤凰全球连线》《文化大观园》。

标注节目的凤凰网互动专区地址：《天下被网罗》。

第十二章

多屏传播与"DNA"优化整合

要言之，任何新媒介都是一个进化的过程，一个生物裂变的过程。它为人类打开了通向感知和新型活动领域的大门。

每一种技术形式都是我们最深层的心理经验反射。

新技术模仿人类学习和认知经验最初的程序。

在正常使用技术即人体各种延伸的情况下，人不断受到技术的修正。反过来，他又不断找到新的方法来改造技术。

——H. M. 麦克卢汉

董建华先生曾经跟我讲过一个例子：他召集家庭聚会时，孙子孙女辈的人全都心不在焉，个个埋头在看自己的手机，在那儿发微博或者在看各种各样的信息。他们的这种行为把董先生气坏了："爷爷还比不上手机重要呀。"

最新数据显示，到 2013 年的时候，移动终端上网的数据会超过 PC，这说明不仅传统电视媒体，即便是 PC 端都会面临一个新的严峻挑战，这已成为事实。在这样的情况下，我们不得不思考，在这种新的阶段，我们应该以怎样的姿态走向"全媒体"？

2014 年全国"两会"的时候，有些采访"两会"的记者已经用上了谷歌眼镜，能穿的、能戴的多媒体设备都已经出来了。所以，将来的全媒体一定是打破所有媒体平台区隔，打破所有载体界限的一个状态。

　　但是，仅仅实现了多屏传播或者多屏互动就是实现了全媒体吗？

　　多屏传播、多屏互动从技术角度上讲，应该是一种技术产品，是适应市场需求而产生的。它是全媒体化的一个起点，因为多屏重点强调的是内容制作最终发布那一阶段的最终形式，但全媒体运作强调的是整个内容生产、发布环节的运营。

　　技术的突破，移动端的崛起，都已经证明，一个媒体如果只是内容在不同的屏幕、终端上实现落地，已经不能充分演绎全媒体的内涵。

　　科技的发展，导致出现了很多新的媒体平台，倒逼着传统媒体追随着受众向其他的平台发送自己的内容，倒逼着内容提供商向平台分发商转变。有人说，新平台的产生，好比是发现了一块块新大陆，大家都跑去开荒，找矿。这时候，你要想让你的内容引人注目，就要在荒山里面树立一个灯塔或者是开辟一条道路，让你的内容顺利到达。

　　目前，全媒体在技术端已经不存在太大瓶颈，载体方面也没有多少障碍了，现在的瓶颈在哪儿？我认为，新媒体也好，移动端媒体也好，它的内容源头绝大部分来自传统媒体，内容相对于技术来说，严重滞后，目前形成的状态是，所谓的全媒体由传统媒体提供内容，新媒体提供平台。

　　造成这种局限的原因是多方面的：一是国家对于媒体内容的

生产源头是有资格限制的;二是全媒体的基因及运作思路上,容易走内容决定脑袋的老路;三是对新媒体客户端而言,出于成本的考虑,拿来主义比自己生产内容要经济有效得多。

这种状态不被打破,全媒体就没有出路。

目前,新媒体和传统媒体都在探索全媒体平台的运作方法。比较有代表性的是乐视网。乐视网打造整合的是"平台+内容+终端+应用"的模式,涵盖了互联网视频、影视制作与发行、智能终端、大屏应用市场、电子商务等。乐视目前采购的版权里面有很大的比例是影视剧,除了自己用,也进行分销。它的影视公司是网络媒体里唯一的影视公司,连张艺谋都跟他们签约了。此外,它还自己做智能电视,涉足手机领域,甚至不排除将来自己弄一些院线的合作。

乐视是否能成功现在还不好下定论,但至少它已经显示出了野心。

电视媒体里浙江卫视比较突出。比如说《中国好声音》和《快乐男声》的比拼,《中国好声音》比《快乐男声》可能做得还好,它已经跳出了电视台网站的局限,跳到全媒体的海洋里了。节目从策划开始就没有一个地盘意识,没有想浙江卫视的网站怎么搞"独家",而是一开始就上全媒体的打法,在各大网站做视频、发微博、微信,把所有的社交媒体全用上了。正如媒体所说,2013年7月12日,《中国好声音》和湖南台《快乐男声》的首轮碰撞可谓火光四溅。《快乐男声》和《中国好声音》第二季被大家看作暑期强强对垒节目。《快男》找到谢霆锋、李宇春、陈坤、陶晶莹当评审；《好声音》也请来了那英、张惠妹、汪峰、庾澄庆当导师；《快男》强调选拔"新时代全能偶像""直播""炫酷舞美"；《好声音》强调甄选"拥有优质声音歌手""录播""四大导师训练营"。

节目还没正式播出，许多观众和媒体就在热讨当晚到底看谁家的节目，一路制造话题。

搜狐视频专门为《中国好声音》第二季做了官网，全网独家直播。

《快乐男声》则在爱奇艺、乐视、搜狐上做了视频专题。

《中国好声音》的口碑似乎更好，但是《快乐男声》在网络上的宣传做得相对更好。《快乐男声》的冠军在微博上的粉丝就比《中国好声音》冠军的粉丝多得多，这是它营销成功的地方。

它们的PK越激烈，观众和网民的热血越沸腾。央视索福瑞数据显示，两档节目的收视率，21－24时时间段，《好声音》以3.516强势力压《快男》1.282。另外，12日当天的全天收视率，浙江卫视也以0.599夺冠，而湖南卫视以0.442居次。

现在无论是新媒体还是传统媒体，都在探讨如何改变自身的"DNA"，传统媒体要学会互联网聚合用户的能耐，新媒体则想拥有传统媒体的原创能力。

现在看到有很多机构的新媒体布局，往往会出现脱节。什么意思呢？就是我们讲的三个链——物理链、产业链、价值链之间相对脱节。物理链比较好理解，比如凤凰卫视、凤凰网、凤凰手机网、凤凰新闻客户端、凤凰广播等，物理链可以把它连在一块，但是产业链层面，你能不能把它们连在一起？产业链中非常重要的是结构、是体制。更重要的是价值链，投入模式有了，产出模式是什么？收入模式是什么？现在收入模式一般就是广告加付费即可，但是不是还有更好的方式呢？这个问题还没有解决好。

所以说，全媒体运营对传统媒体最大的挑战，就是全媒体整合，就是在内容和营销层面上的重新布局与整合，比如说微博、微信的制作方式与传播特点和传统媒体的其实不一样，我们在对同样的内容进行加工的时候，如何适应不同的媒体形态去制作，这是非常大的一个挑战。

凤凰已经开始在经营层面尝试，在集团协同作战上进行尝试，我们甚至开始跳出凤凰去看凤凰、去传播凤凰。过去凤凰卫视需要通过电视机来看，现在我们还可以通过手机、移动设备即时收看凤凰卫视的节目。凤凰卫视和凤凰网与新浪微博、腾讯微信、苹果 iPad 都有非常良好的合作。凤凰在新浪微博、腾讯微信平台上建立了自己的"官网"，拥有数百万的粉丝，知名主持人、记者和各个栏目、各个公司也都在这些平台上有自己的阵地，粉丝总数相加，用户多达一个多亿。

2015 年 1 月 14 日，凤凰新媒体宣布成立了一家名为 Shanghai Miaoqiu Information Technology Co. Ltd. 的娱乐子公司，将利用凤凰新媒体的品牌、内容平台和庞大的用户基础拓展更多的娱乐相关行业，以进一步扩大其原创制作和自有内容，进入更加全面的娱乐类别，如动画和电影制作、图书出版和移动游戏开发等。凤凰新媒体向该子公司提供了 3400 万元人民币的融资，以便吸引业内顶尖人才和获取这些个人现有和未来作品的相关知识产权。

凤凰的全媒体实践，核心思路就是把上下游全部打通，把整个产业链打通，以提升整个集团的全媒体意识。

我觉得，全媒体的意识，全媒体的运作形态，全媒体的运营模式，是传统媒体转型成功与否的最重要的指标。我们希望在全媒体的运营中间，不仅在产品和出口上解决全媒体的问题，同时还要在我们的经营思路上、运作方法上等方面都向全媒体转化，做到既能生产高品质的内容产品，又能掌握新媒体的各种平台，在开端和终端这"两端"都有出色的表现。

把传统媒体的 DNA 优化、升级换代，然后进行杂交，才有可能出现新的思路、新的产品和新的空间，才可能在这次转型的生死战中胜出。

第十三章

"伴随型"媒体消费

广播的潜意识深处，充满了部落的号角和古老鼓乐的共鸣回荡……这个媒介有力量把心灵和社会转换成一个共鸣箱。

广播使信息加速。同时它又引起其他媒介的加速，它确实把世界缩小到村落的规模……

广播首先提供了电子内爆的大众经验。这使拼音文字的西方文明的整个方向和意义都发生逆转。

希特勒和甘地，还有本世纪的许多其他人物，都是公共演讲的扩音器材和广播电台造就的。

听收音机的时候，我就生活在收音机里。

——H. M. 麦克卢汉

依赖场景，反倒使广播电台这种旧得落满尘埃的传统媒体出现了经久不衰乃至出人意料的第二春，中国家用轿车的普及加以交通拥堵状况的持续，为广播电台提供了一块安稳的乐园，活得出离滋润。但是，4G 的到来，以及移动电台创业热潮的兴盛，也使这个细分市场的颠覆性革命很快就会到来。

——阑夕（逐鹿网创始人）

"多年以后，面对行刑队，奥雷良诺·布恩迪亚上校将会回想起父亲带他去见识冰块的那个遥远的下午。那时的马孔多是一个 20 户人家的村落，泥巴和芦苇盖成的屋子沿河岸排开，湍急的河水清澈见底，河床里的卵石洁白光滑得宛如史前巨蛋……"

　　这是魔幻现实主义作家马尔克斯在《百年孤独》的开头一段的叙述，涉及了过去、现在、将来三个时间。如果套用这种叙述方法形容凤凰广播，大概可以这样说："多年以后，面对全媒体面前的一片蓝海，我们想起了并不遥远、满天飞舞的预言'广播必死'。那时候，广播被许多人认定'大限已到'，一些记者收拾行囊准备逃离。但是突然，这一切都改变了。正所谓，有意栽花花不发，无心插柳柳成荫。"

　　在电视大行其道之初，预言"广播必死"的说辞就出现了。

然而走过这些年，广播不仅没有淡出，还随着汽车工业的发展，交通出行方式的改变，重新获得了新生。各地的交通广播如鱼得水，大行其道，伴随着车轮滚滚，广播的腰包也变得鼓鼓囊囊。北京交通台的 103.9 估计北京人无人不知，无人不晓，甚至连不开车的人也会去听听交通台，因为听说那里的主持人很有趣、很能侃。交通台因此身价大增，不仅广告收入爆发式增长，它的主持人也成了当地的知名人物。

所以说，动不动就宣布某种媒体"已死"，是一种简单粗暴的思维方式，是很不靠谱的。任何一个媒体形态，都有它生存的理由与空间，存在就是合理。物竞天择，并不以人的意志而转移，有着百年历史的广播电台出现"第二春"就是证明。

我是搞广播出身的，凤凰卫视在 2005 年前后通过合资、合作等方式尝试办过广播，但因为没有主导权，响动不大。从 2012 年开始，我们有了打造电台 APP 产品的想法。

这个任务是分配给凤凰新媒体的。

"凤凰 FM"APP 产品就这样催生了。

过去十年，互联网虽然颠覆了用户阅读图文信息、观看视频的行为方式，但音频内容的价值没有得到很好的挖掘。

听觉是人最重要的感觉器官之一，也是接收信息的第二大来源。互联网开启了非常方便、优质的音频服务，但由于大家面对海量的信息有不知所措之感，所以，以往的音频服务除了音乐之外，用户并没有得到其他的互联网优质音频，业界的关注点也停留在数字音乐，忽视了另一种用户的消费需求：需要获得有价值的，能给他们的生活带来实质帮助的非音乐类音频节目。这正是我们所关注的。

2013 年，中国名列三甲的媒介分别是"电视、互联网、广播"，用户月接触率分别是 95.8%、64.1%、62.5%。广播和互联网的总体用户规模实际上非常接近。此外，广播用户呈年轻化趋势，超过 60% 的用户在 35 岁以下。以车载收音系统作为主要收听终端的用户占比达 34%，这部分用户具有很强的购买力。目前，已经有 47.8% 的广播受众主要通过手机收听节目，这意味着接近 4 亿用户已经习惯使用手机随时随地消费音频内容。其中 89.6% 的用户是通过手机自带的调频功能，而并非互联网来收听。根据近期发布的一项第三方调查，移动流量资费和流畅度是大量用户仍不选择网络收听的主要原因。

随着 4G 时代的到来，无线互联网单位流量资费已经在大幅下降，收听音频的"成本"门槛将会被大大降低，甚至消失，音频播放的流畅性也更有保障。未来几年，通过 AM/FM 广播消费音频内容的亿万用户将逐步向无线互联网平台迁移。中国 2013 年 3G 整体渗透率已达 33.8%。2014 年，仅中国移动一家运营商发展 4G 用户的目标就达 5000 万。移动互联网 + 智能手机的随身特性非常适合音频节目的传播。4G 时代的到来无疑将彻底改变受众消费音频内容的方式。例如，通过凤凰FMAPP收听一期20分钟的凤凰卫视王牌节目《锵锵三人行》，所需流量仅为10MB左右，这对于动辄几个G包月流量的4G用户来说，"随时随地收听"将不会成为负担。更何况，用户也可以选择在Wi-Fi环境下提前把自己喜欢的节目缓存在手机中，下载一期20分钟的节目，只需要不到10秒钟的时间。我认为"伴随式"媒体内容消费将成为继"碎片化"内容消费之后的又一个时髦的消费形态。

什么是"伴随式"内容消费呢？2G移动网络催生了一批能够满足用户"碎片化"内容消费的产品，用户在短暂的等待时间空隙内，可以全神贯注地浏览微博，使用微信。随着高性能智能手机的渗透率不断提升，"伴随式"内容消费需求在4G时代将会越来越旺盛。用户在"驾车、乘车、健身、做家务"等场景下，也有获取信息的功能性需要，及驱除"孤独感"的精神性需要，音频恰恰是最佳的形态。在这些场景下，带上你的耳朵吧！伴随着跑步、伴随着切菜、伴随着堵车，我们同步获取有价值的信息。

我们需要的声音伴随是贴心的伴随，是恰到好处的伴随，是在合适的时间出现合适的内容的伴随，而不是简单的、不合时宜的、糟糕的伴随。这就要求我们精心挑选、组织真正有价值的内容，利用技术手段进行用户数据收集、行为分析，做到相对精准的推荐。动感单车的骑行者听着节奏匹配的背景音乐进行美体训练；家庭主妇听着一道佳肴的烹饪方法如法炮制；老人散步听着单田芳的评书怡然自得；入睡障碍的人枕着涛声入眠。这才是有意义的伴随，时间的效能也因此成倍地扩大。简言之，如果一个用户能在单位时间内更好地利用声音信息，那么他将比其他人得到更多学习、工作和娱乐的机会，他的生活质量也能相应地得到提升。

凤凰 FM 不仅拥有凤凰卫视所有节目的独家资源，也致力于整合更多有品质保证的音频节目内容，为用户提供真正的海量内容收听体验。传统广播线性播出的模式导致一些制作精良的节目无法留存，生命周期较短。虽然很多广播台也在做内容互联网化的尝试，但对用户来讲，找寻散落在各处的内容成本过高，体验往往也不够友好。广播生产的节目之外，还有海量的优质版权内容散落在各个版权方，比如有声小说、童话故事评书相声等，这些内容仍有待整合。除了专业机构制作的内容，近年来互联网上也涌现了大批优质的 UGC 播客，他们同样需要内容传播渠道。为此，凤凰 FM 专注打造了"凤凰 FM 精选"，开展了诸多与节目制作水准不亚于专业机构的播客的深度合作。一方面帮助用户从海量的 UGC 内容中找寻到高质量、有营养的内容源；另一方面，此举也给国内一流的音频自媒体群体打造了一个凤凰全媒体多渠道传播的平台。

稳定的服务、流畅的播放是凤凰 FM 这类无线互联网音频产品用户体验的基本保证。凤凰新媒体有日均超过三千万用户的凤

● 凤凰 FM，打造"中国第一音频平台"。

凰网，有稳定的流媒体服务架构，这些都保障了凤凰 FM 能够超越业界同类竞争产品，提供业界一流的流媒体服务。在提供稳定的播放体验基础之上，如何帮助用户从海量的音频节目内容中找到与自己兴趣相关的节目，是最能够体现出一个平台型产品技术含量的关键环节。推送技术的不断完善也为凤凰 FM "千人千面"的节目匹配服务保驾护航，从而实现"海量基础上的精准"。

运营凤凰 FM 的团队是一支相当年轻的团队，他们设定了一个高标准的愿景：打造"中国第一音频平台"，他们正努力使凤凰 FM 帮助用户获得第 25 个小时——利用行车、等待的时间，赢得一天时间之外的一小时。

第十四章

全媒体语境下的视频争夺战

每一种合作形式都可以用"数字、移动、虚拟和个人"的方式完成。"数字"指的是，一切内容和流程都会被数字化，因此可以通过计算机、网络、卫星或光纤电缆进行制作、操纵和传递。"虚拟"指的是，这种制作、操纵和传递的过程可以用很快的速度很轻易地完成——这归功于所有的数字管道、协议和标准。"移动"是指无线技术可以让人们从任何地方通过任何设备和任何人建立联系。"个人"指的是，你可以用自己的设备为自己做这些事情。

——卡莉·费奥里娜（前惠普总裁兼首席执行官）

电视屏幕把能量倾泻在你的身上，使你的眼睛瘫痪。不是你看着它，而是它看着你。

——H. M. 麦克卢汉

所有的数据都在显示,网络视频正在成为互联网最大的赢家。

中国互联网络信息中心（CNNIC）发布的《第35次中国互联网络发展状况统计报告》称，截至2014年12月，中国网络视频用户规模达4.33亿，手机视频用户约3.13亿，占比约72.28%。

艾瑞咨询在其《2014年中国在线视频市场营收规模增长强劲》的调查报告中称：2014年，中国在线视频市场规模为239.7亿元，同比增长76.4%，高于2013年的48.0%。整体市场规模增速提升，预计到2018年，市场规模近900亿元，也就是说，3年内市场规模会增长4倍。

艾瑞咨询说，2014年，中国在线视频市场规模同比增长的103.9亿元中，广告收入、其他业务收入的贡献率（该业务市场

规模同比增量 / 在线视频整体市场规模同比增量）分别为 52.0%
和 40.9%，广告仍然是在线视频市场的核心增长动力，而其他业
务中的终端销售收入、游戏联运（包括移动游戏联运）收入也是
部分在线视频企业营收增长的重要推动力。

2015 年第一季度，中国在线视频市场规模为 68.1 亿元，比
前一季度的 46.7 亿元大幅增长了 21.4 亿元。

增长势头如此强悍，让人不得不刮目相看。

美国著名互联网研究机构 PiperJaffray 的分析师萨法·拉什奇
（Safa Rashtchy）指出，视频广告将是网络广告的主要动力。

这正是中国传媒巨头们展开大规模的网络视频争夺战的主
因。

按照百度的定义：网络视频是在网络上以 WMV、RM、RMVB、FLV 以及 MOV 等视频文件格式传播的动态影像，包括各类影视节目、新闻、广告、FLASH 动画、自拍 DV、聊天视频、游戏视频、监控视频、远程医疗、在线教育等。

网络视频技术使用户能够收集到其所关心的所有关键地点的相关视频和音频信息，并能够进行实时观看与干预。其中网络视频所具备的高级功能特性使它非常适用于安全监视类的应用场景。

目前，因为技术的进步，从理论上说，任何网站都可以制作上传视频，但真正在国内比较知名的视频综合网站有 28 家（含门户网站），其中播放电视剧视频的 14 家，播放电影视频的 17 家，播放综艺类节目视频的 12 家，上传微电影节目的网站 8 家。另外，电视台和主流媒体上传视频的有数百家（其中《电视猫》《好趣网》视频网站几乎将中国所有省级电视台的节目涵盖其中，可以通过链接直接点击观看），动漫频道有 15 家。

学者郭静在其著作《网络视频：涅槃后的重生》中介绍了一些主要视频网站的特色。

百度系

从整体布局上来看，百度的架子是拉得最大的。

2013 年 5 月 7 日，百度宣布 3.7 亿美元收购 PPS 视频业务。PPS（全称 PPStream）是全球第一家集 P2P 直播点播于一身的网络电视软件，能够在线收看电影、电视剧、体育直播、游戏竞技、动漫、综艺、新闻、财经资讯等，并且完全免费，无须注册，下载即可使用。2013 年 10 月 16 日，百度旗下的爱奇艺公司宣布与 PPS 整合的基础工作完成，两大品牌全面升级，从"在一起，更好看"转变为"开启全新视界"，同时两个子品牌也有了更明确的分工。PPS 用户可以自动上传爱奇艺的高清内容，百度视频的"雷达"功能[1]，都成为竞争优势。

---

[1]百度视频的雷达功能是指用户打开雷达选项后，点击扫描，就能像"扫雷"一样扫到附近的人看过的视频，然后可以选择在线观看，也可选择离线下载。这一功能主要利用的是百度地图的优势。

爱奇艺的高清视频在用户体验上是一大提升。PPS的突出优势是接入阅读功能。PPS在侧边栏中加入了阅读功能，即用户不仅能在该应用上观看视频，还能观看热门图书，其接入的是百度的多酷书城内容。

优土系

优酷和土豆两个视频网站一直是颇受粉丝追捧的品牌。优酷于2010年在纽约证券交易所上市，土豆于2011年在纳斯达克上市。2012年，两家公司"强强"联合，成立了优酷土豆股份有限公司。2014年6月，CNNIC发布的《中国网民网络视频应用研究报告》显示，优酷土豆集团稳居中国视频行业第一。优酷土豆集团公布的公司财报显示：2014财年净收入为人民币40亿元（6.495亿美元），比2013财年增长33%[2]。但是，优酷土豆仍然没有盈利，合并后一直在亏损，2014年一共亏损了1.43亿美元。公司扭亏为盈任重道远。

腾讯系

腾讯自身拥有的广大的渠道资源，为其视频带来了不少流量。

---

[2]原文出自比特网，http://net.chinabyte.com/156/13302156.shtml

特别是微信和腾讯视频相结合，使在移动视频领域战力大增。腾讯的移动视频应用 QQ 影音是单纯的播放器，用户扫描自己手机里的视频即可通过 QQ 影音来观看。从 2015 年开始，腾讯获得 NBA 未来五个赛季的网络独家直播权，将独家引进国家地理频道的数千小时精品纪实娱乐节目。腾讯视频独播的《中国好声音 3》网络总播放量达到了 42 亿，达到了互联网单个综艺节目播放量的新高。腾讯视频拍摄的自制剧有十多部，总播放量超 10 亿。

搜狐系

2007 年，搜狐视频通过与国内百余家广电媒体跨平台合作，推出 183 家电视频道全天候同步直播，涵盖 900 余档电视栏目及 100 万条视频新闻。2008 年年底，搜狐视频推出了门户网站第一个高清影视剧频道。

搜狐视频与垂直类视频分享网站不同的是，搜狐打破了"分享"的思路，除了提供高清、优质的版权视频，还在原创视频方面有所突破，一些具备相当人气的原创节目开始在网络走红，如搜狐娱乐的综艺类节目《大鹏嘚吧嘚》等。

随着中国好声音的"高潮"，选择独家合作的搜狐视频"沾了不少光"。搜狐视频自制剧《屌丝男士 2》第一季的单集播放数字最高超过 3000 万，全 6 集总播放量超过 1 亿。搜狐视频联手电影明星拍摄的电影短片也属于一种原创的尝试。

搜狐的纪录片因为凤凰卫视原执行台长刘春的加盟，也有长足的进步，搜狐视频结合新闻客户端，在新闻当中直接加入相关内容，为其带来了不少流量。

阿里系

2015 年 6 月 15 日，阿里巴巴数字娱乐业务负责人表示，阿里巴巴将在未来两个月内在中国市场推出名为"TBO"（即 Tmall Box Office）的在线流媒体视频服务。TBO 的内容有一部分是从中国和其他国家采购的，另外也会有自主制作的内容。其将采取高标准、高定位的市场策略，向美国的顶级视频内容提供商 Netflix 和 HBO 看齐。中国的互联网视频产业本来就已经够热闹了，现在又挤进来一个行业的巨无霸，让业内众多大佬不敢掉以轻心。

阿里资本的触角早已伸到了视频领域，它拥有优酷土豆 16.5% 的股份，2015 年上半年，马云宣布和华数传媒合作，入股光线传媒，收购了第一财经。据介绍，此次阿里视频的运作模式与大部分国内视频内容提供商不同，TBO 约 90% 的内容将是付费的。用户可以选择多种付费模式：包月付费，或者按每部内容付费。其余 10% 的内容则将是免费的。这一举措在习惯了免费观看视频的中国，效果如何，有待观察。

乐视系

乐视的创始人贾跃亭是位概念高手，他推出的"乐视模式"号称要打造视频产业、颠覆电视生态。电视是互联网大腕们GOOGLE、苹果、微软都没有玩转的生意，客厅正成为科技公司最惨烈的战场。乐视的做法是开发智能电视，入局大屏互联网，打造一条"平台＋内容＋终端＋应用"的完整产业链，借此打造未来家庭的"信息中心"。

乐视产业链中与互联网视频相关的内容有乐视网、乐视影业、乐视TV、乐视移动智能、乐视超级手机、大屏应用市场、电子商务等。乐观系这种跑马圈地，什么位都要上的做法，成为互联网界一种非常另类的打法。2015年5月，贾跃亭宣布将在近6个月内减持不超过8%的乐视股份，并将其所得全部借给公司作为运营资金，并于6月份，套现约25亿元。这一动作，遭到了中央财经大学中国企业研究中心主任刘姝威的质疑，刘姝威称，贾跃亭连续大幅度减持股票套现，只能判断公司持续经营状况出现问题。

网络视频的争夺战很快就开辟了第二战场：从硬件上"切入"。

视频网站在争夺移动端的白刃格斗中，发现客厅似乎是一个相对容易进入的市场，只要内容有足够的吸引力，他们可以随着高清电视机一起来到人们的客厅里——只需要一个小小的 OTT 机顶盒。

所谓 OTT 机顶盒，是指用户通过连接互联网观看在线视频（电视直播、电视剧、电影、综艺等）的一种高清终端设备。OTT 是"Over The Top"的缩写，是指通过互联网向用户提供各种应用服务。这是互联网企业利用电信运营商的宽带网络发展自己的业务的一种方法，OTT 服务商直接面向用户提供服务和计费，使电信运营商沦为单纯的"传输管道"，无法触及管道中传输的巨大价值。[1]

OTT 盒子可以看电视直播，可以在线点播，可登录各个视频客户端观看在线资源，可以像使用电脑一样浏览网页，可以网上购物，可以玩在线游戏，可以观看 3D 与 4K 大片，可以多屏互动，连接手机、平板、电脑等智能设备上的图片、音乐、视频等。

目前，小米、京东、阿里等企业或自己开发，或联合智能电视厂商生产机顶盒，通过机顶盒预置自己家的各种软件，从而以硬件的方式"强行"切入视频领域，实现智能电视的各种在线销售功能。而乐视、爱奇艺和优酷，不会自己去生产硬件，他们通过与 TCL、康佳等厂商合作生产机顶盒，用它的内容服务把终端的入口给占住，把视频点播的服务植入电视机里面去。

各种重大重组，各种利益结盟，最终只为一件事，就是占位。

惨烈的价格竞争，让各家企业都有点"发疯"，价格没有最低，只有更低，赔钱没有最多，只有更多。

唐僧肉真的不好抢。

---

[1] 引自百度百科 http://baike.baidu.com/view/1315414.
htm#reference-[1]-1315414-wrap

　　网络视频的热度，不禁让电视台的网站脸红心跳，也让它们跃跃欲试。作为内容原创的生产者，他们唯　的骄傲是还拥有原创的视频版权。

　　2014年5月8日，湖南卫视宣布回收网络视频转播权。湖南广播电视台台长吕焕斌说，今后，湖南卫视拥有完整知识产权的自制节目，将由芒果TV独播，在互联网版权上一律不分销，以此打造自己的互联网视频平台。这一做法目前看颇具成效，芒果TV2014年独播以来，通过发展一云多屏的全媒体业务战略，展开与互联网企业的正面竞争，通过自制、定制、购买等方式，不断地实现内容的规模化、多元化、精品化，打造互联网"第一娱乐平台"。经过一年多的发展，芒果TV成果显著：包括PC端、移动端、OTT、IPTV等在内，芒果TV已实现全平台日均活跃用户超过 3600 万，日点击量峰值突破 1.37 亿人次；移动端以每月 10%、日均新增 30.3 万人的速度，累计下载量突破了 2 亿次。而在广告收入上，2015 年，芒果 TV 已实现超 7 亿元的收入。

无独有偶，2014 年世界杯，中央电视台也不向任何视频网站开放直播权，只通过 CNTV 进行网络播放。还有传闻说，浙江卫视、江苏卫视等众多品牌卫视都可能回收网络视频转播权。一时间，关于这方面的争论甚嚣尘上，赞同的、批评的、悲观的，不一而足。

最受打击的当然首推视频网站，其次是门户网站。

优酷视频的排行频道很能说明视频网站受影响的程度：

排名第一频道：电视剧。如果没有了各大卫视的电视剧支撑，这个第一将不复存在。虽然不排除自制剧的产生，但远水不解近渴，何况目前自制的电视剧，鲜有成功者。

排名第二频道：综艺。国产的综艺黄金节目大多是购买的国外的版权自己打造的，这些节目访问量占视频网站综艺节目访问量的大半壁江山。现在形势在逼着视频网站慢慢打造自己的原创栏目。

排名第三频道：资讯。目前新闻资讯视频在没有大事发生时，只能屈居排名榜单的后面。

排名第四频道：电影、网友原创。[1]

一旦电视剧和综艺黄金节目的来源被切断，视频网站的生存会不会受影响，是不是逼着他们也要走上自制节目的路子？

2015 年 7 月，企鹅智酷的一项调查称：电视台做视频网站，六成用户不买账[2]。

调查共收集到近两千名用户的反馈，近 70% 受访者表示更多地通过网站或移动 APP 观看视频。

其中 20 ~ 29 岁的用户群是消费网络视频的绝对主力。在30 岁以后，人们对网络视频的消费开始减少，电视的比重随着年龄逐渐上升。

当网络、电视"二选一"时，网络更受宠。当节目只能通过电视和制作方的网站播放时，网络依旧是多数用户的首选——约33% 的用户选择只通过网络观看节目，只通过电视观看节目的用户不到 19%。

[1] 王新宇：《湖南卫视收回视频转播权：给自己挖坑？》，
http://www.huxiu.com/article/33398/1.html 。

[2] 社会堂： 《电视台做视频网站六成用户不买账》，
http://tech.qq.com/a/20150701/007723.htm。

而当节目只能在制作方的视频 APP 上播放时，将近半数用户在调查中表示会下载该视频 APP。

不过，将节目限制在单一渠道也造成了大量用户的叛逃——31.3% 的用户表示会放弃该节目，改为观看其他视频网站。

调查称，和主流网络视频相比，电视台的视频网站在内容储备和技术积累上都存在不小差距。用户在网络视频环境下养成的传统习惯是他们的巨大挑战。网络无疑比电视更能代表未来。在实现互联网覆盖之后，电视台仍需要投入更多资源才能实现追赶和多样性竞争。目前来看，电视台在技术、内容、品牌认知上仍然和主流网络视频存在着很大差距，未来发展依旧充满变数。

凤凰新媒体曾经组织人员到上海、江苏、浙江等地的卫视参观，感觉这些卫视的全媒体平台和网络视频做得还是不错的，但是，我对封杀转播权的做法并不认同。

一是互联网经济是规模经济，是一种全新的经营方式，一个小而全的网站是不能吸引眼球的，也是难以改变用户收视习惯的，因此，封杀转播权，封闭自己，好东西不分享，属于传统打法，竞争力有限。

二是"靠个别栏目撑起的流量，能提升单个栏目的广告价值，而并不能提升卫视官网的品牌价值，而卫视官网的影响力并不能完全等同于卫视的影响力，反而会对网站运营带来麻烦，比如热门栏目的广告收入与网站整体收入倒挂，造成冷热不均。而这种敝帚自珍的做法又大大削弱了自己的影响力，因为原来是多通路推广单个栏目，而现在只有自己的官方渠道，所以广告价值也相应衰落。""轻视互联网，和短视的闭关锁台，会加速传统媒体的衰落。"[3]

三是互联网媒体、新媒体已经是成熟的、专业的媒体平台，有着比传统媒体更加灵活的运营方式和布局，而且他们的机制与传统媒体相比，有很大的主动权与优越性。他们拿着风险资本的钱，通过期权股权激励，通过 IPO 上市的激励机制来吸引人才和保有人才，这就注定了传统媒体难以跟互联网公司抗衡。

开放与分享永远是网络视频的主旋律。

---

[3]王新宇：《湖南卫视收回视频转播权：给自己挖坑？》，http://www.huxiu.com/article/33398/1.html。

5

．
．

　　虽然抢位子、占地盘搞得火热，但是，业界一个公开的秘密是，中国的视频网站几乎没能挣钱的。大家持续地烧钱已经狠烧了几年。听说有一家正在准备上市、目前市场用户占有量名列前茅的视频网站，2015 年定的目标是把亏损减少到 15 个亿，这个或许不能叫目标，而是一个继续烧钱的决定或决心。他们真实的目的，就是要把体量做到足够大，影响力足够大，然后上市。当然，现在也有不少视频网站在上市之后依然不能盈利，还在大把地烧钱。

　　相比之下，凤凰视频躲开了惨烈的"红海"——烧钱竞赛。凤凰根据自身的资源禀赋，走上了聚焦新闻视频之路，把自制原创视频当成生存、竞争的主要手段。我们打造了新闻纪实类节目，包括互联网时政辩论性的节目《全民相对论》《风暴眼》，军事节目《天下兵锋》和《马鼎盛军事观察》，纪实栏目《甲乙丙丁》等。众多明星嘉宾和网友参与了我们的节目互动，从信息讨论平台上感受凤凰视频内容的速度、深度和温度。

娱乐节目《娱乐高高手》每期做一个娱乐调查主题，节目在国内首创了利用微表情、笔迹学、面相学、命理等娱乐调查手段进行娱乐评论，极具网络化特色，深受年轻网友青睐。

凤凰视频还提出了"微纪录片"的概念。"微纪录片"通常只有5～10分钟，专注于在有限的时间内传递最有价值、最能打动人的信息与细节，符合快节奏生活状态下网络视频用户的观看习惯。通过"微纪录片"概念的提出与推广，凤凰视频在纪录片生产方面获得了营销空间。

对于凤凰视频来说，虽然差异化看似做得不错，但同质化的问题依然存在，视频用户对平台的忠诚度仍然很薄弱。原因在于真正能产生大流量并具有广告价值的内容，还是缺乏的。面对分散的中国影视剧市场，谁想从版权上垄断，都不太可能。自制内容还难以承担大任。自制内容大体有三类：一类是网络剧、微电影，一类是综艺节目，一类是自媒体上传内容。但无论是哪一类，凭借视频网站目前的人才和资金，现阶段都不可能成气候。中国电视剧市场年产量近两万部，谁能保证你拍出的戏一定会火？江苏卫视靠一个《非诚勿扰》收获了16亿元的相关广告收入，视频网站即便能制出同样品质的节目，恐怕连1600万元也卖不到。

凤凰视频以几乎零投入与对手的高带宽成本、高内容成本竞争，紧紧咬住了中国视频的第一集团，完美地演绎了非对称战役。我们在视频上线的当年就实现了盈利，目前在视频网站中收入应该排在前十位以内。我们不排除在条件具备时通过并购壮大自己的可能性。

随着移动视频风生水起，我们也需要通过资本并购等多种方式去补足移动端视频的市场份额。

学者郭静认为，好的移动视频应有几种功能：

（1）与地图产品融合，可以知道附近的人在看什么。

（2）多屏合一。即 PC 端、移动端能够同步。

（3）互动功能。用户与用户之间的互动交流，能够让 A 与 B 之间方便地传送。

（4）直播。嵌入直播功能，相当于一块电视屏，用户能直接点播相关频道。

（5）UGC（原创内容）。移动视频的社交属性体现在用户对于自身视频的传播上面，手机能很方便地拍摄出一段视频，把它上传到网上与别人交流，要比 PC 端视频的传送容易得多，移动视频的上传功能也是必备品。

（6）多平台合作。即结合自身能拥有的一切资源，为移动视频打造品牌和流量，全平台无缝接入。

（7）内容。虽然比较烧钱，但是竞争那么大，总有人要做内容的，毕竟真正抓住人们眼球的，还是内容。美国市场研究机构 BTIG 研究员理查德·格林菲尔德强调："内容为王"规律仍然主导着视频世界，平台和管道都不是视频时代的焦点，谁拥有最有价值的视频内容，谁才在传播场上说了算。

客厅智能电视可能是下一步移动视频争夺的主战场。凤凰投资一点资讯，与华为一起开发全球分布式云数据中心，都是在为提供智能客厅视频服务做准备。

未来的智能客厅视频的内容消费，具有三种形态的内容：

第一种，个性化定制。以新闻为例，主流的电视新闻机构每天所播放的各种各样的要闻，这是一个正常人为了自己的生存发展必须要去了解掌握的。满足了新闻需求，用户可以按照个人的喜好定制一些他感兴趣的内容，比如财经、体育、养生、娱乐、时尚等。只要输入关键词，智能客厅可以很轻松地提供。

第二种，通过大数据挖掘。大数据可以知道用户喜欢的东西并会主动呈送到你面前。这方面，技术上已经没有任何障碍。一个网民几乎每天都会用互联网上的某个账号登录电视、手机或电脑，我们后台的内容服务器能够分析出跟这个人相关的兴趣领域或者是关键词，比如说网络营销、怀孕、育儿、美食、演出、旅游、打折电影票等，当这些与网民兴趣最匹配的内容

● 凤凰视频和智能客厅。

当视频网站的用户变得像游戏用户那样忠诚，当面对
电脑屏幕的前倾式观众变为坐在沙发上的后仰式观众时，
视频网站的春天可能就会来了。

被成功推送时，智能客厅会成为用户不可缺少的生活内容。

第三种，既不是个人定制的，也不是智能推荐的，而是根据公众热门排行榜自动生成的内容。某一个范围内公众最喜欢的内容，一条评论最多的新闻，一个浏览量最大的事件，都会被推送。

智能客厅与 iPad 和手机屏幕是互联互通的，我们可以通过精准推送找到精准营销的机会，实现大数据给我们带来的价值。

当视频网站的用户变得像游戏用户那样忠诚，当面对电脑屏幕的前倾式观众变为坐在沙发上的后仰式观众时，视频网站的春天可能就会来了。

第十五章

凤凰新媒体的破局之变

急剧的身份变化突然在很短的间歇之中发生，这样的变化给人的价值观的打击，比用硬武器的战争更致命，具有更大的破坏力。

——H. M. 麦克卢汉

互联网可能是历史上最伟大的开放工具。

——贝拉克·奥巴马

数据不会被它所激发的思想和创新消耗，相反，它可以为创新提供无穷的燃料。一小片合适的信息，可以促使创新迈进一大步。一组数据，可能会得到数据收集人难以想象的应用，也可能会在另一个看起来毫不相关的领域得到应用，数据的能量将层层放大。

——美国联邦政府跨部门工作组给总统的科学技术委员会的报告

一个成熟市场的领先者，很难在一个变革的时代继续领先。PC时代王者微软被互联网时代的谷歌所赶超就是一个例证。手机的霸主诺基亚也很难逃过这个定律。

诺基亚早在 iPhone 推出之前两年就掌握了此项技术，但直到所有厂商都推出了触摸屏手机后，诺基亚才不急不忙地发布了首款触摸屏手机。

诺基亚的研发人员表示，诺基亚是个绝对务实的公司，所有的技术储备都有，但是商用化的时候非常小心。

早在 2006 年年底，诺基亚就清晰地提出了互联网战略，他们认为，互联网与手机的未来将融合在一起，诺基亚要"站在这一新时代的前沿"，成为一家移动互联网公司。但是，当这个伟大的战略开始实施时，他们却发现自己并不了解互联网的内涵，也不清楚怎么干。

2007年前后，诺基亚对在线业务投入高达一百多亿美元，一会儿是N-Gage游戏平台，一会儿是在线音乐商店，一会儿又是邮件服务平台，不断的变化让用户无法对诺基亚的互联网形象形成记忆。

2010年，来自微软的史蒂芬·艾洛普走马上任诺基亚的CEO。他在上任后不久发给公司内部员工的一份备忘录中警告，诺基亚现在正面临挑战，从不同设备之间的竞争转变为生态系统之战。诺基亚处在已经"失火的钻井平台"上。

虽然史蒂芬·艾洛普信心满满，但诺基亚跳出了"火坑"又陷进了泥沼。因为他把诺基亚拉到微软的战车上，还落了个"内奸"的骂名。

在凤凰卫视，比史蒂芬·艾洛普更早讲述"失火的钻井平台"故事的，是刘爽。

2005年，他被派到凤凰网担任CEO时，给大家讲的就是这个故事：海上的钻井平台失火了，身边是灼热的大火，脚下是冰冷的海水，我们是待在平台上等着被烧死，还是跳到海里被淹死？

结论是，先跳到海里，因为只有这样还有一线生机。

刘爽的意思是，在生死存亡的关头，被迫选择危险的逃生办法，是唯一正确的选择。

● 刘长乐将一面令旗交给刘爽。

● 身边是灼热的大火，脚下是冰冷的海水，我们是待在平台上等着被烧死，
还是跳到海里被淹死？

凤凰网是 1998 年成立的，它经历了 3 个主要发展阶段。

第一阶段是从 1998 年成立到 2005 年 11 月，主要作为凤凰卫视的官网存在。

第二阶段是 2005 年 11 月至 2007 年 11 月，明确了新闻门户的独立发展之路，并确定了资讯、无线和视频三大业务，凤凰新媒体正式上线。

第三阶段是从 2007 年 11 月凤凰网更换 ifeng.com 域名至今，从打造新闻门户阶段逐步调整到为一亿主流华语人群提供网络服务的综合门户阶段。目前，艾瑞 2014 年报告显示，凤凰网用户的月均收入、家庭经济状况、受教育程度、管理层和专业人员的比例、单个访问者浏览的页面 PV/UV 比、日均有效浏览时间等指标在中国互联网门户网站中均处于领先水平。

业界评价凤凰新媒体发展有两个特点，一是在集团公司的支持和期望下，有效把握目标人群需求的同时坚守社会责任，成为传统媒体向新媒体转型的成功代表；二是作为门户网站的"后起之秀"，硬是在看似江湖地位已经确立，后入者没有任何机会的中国门户格局中闯出了一片天，爆发出了潜力。

刘爽于 2005 年前往凤凰网时，凤凰网已经从单纯的企业网站变成了一个小有名气的新闻网站，但影响力还不够大，网民们往往在大事发生时会冲过来看新闻，事件一过，就该干啥干啥去了。

刘爽回忆了凤凰网当时在互联网界的影响力的情况。"当时我们从第一把手到第四把手全换了一遍，居然没有任何一家媒体有反应。如果放到今天，可能换个总编辑都恨不得把电话给打爆了。"

他抱着"做不好也不回凤凰卫视"的决心，特意把名片上的凤凰卫视副总裁头衔撤掉，只留下"凤凰网 CEO"。这么做的结果是，在外面"基本就没人搭理我了"。

刘爽去凤凰网之前是凤凰卫视事业发展副总裁，留美博士，30 多岁，对互联网和资本运营颇有心得。调他上去后，我做的最主要的一个举措就是放手让年轻人去干，因为我觉得我在这方面没有他们新锐。他和他的团队知道潮流在哪里，知道互联网的生命在哪里，知道互联网的曙光在哪里。

在这个过程中，我做得更多的是协调，比如凤凰网需要凤凰卫视的资源，需要凤凰卫视的扶持和配合，我让他们大胆地想，大胆地提，为了让传统媒体真正与新媒体合为一体，我无条件地为凤凰网站台。

比如凤凰卫视的广告时段是比较贵的，却在黄金时段免费为凤凰网打广告，许多与节目的"互动"都是死命令、硬任务，必须完成。这种要求和意识非常重要，是凤凰网"长大"和"单飞"的前提条件。为此，我们公司内部做了很多机制上的突破，业务上的协同。说实话，这种协调往往是最难的。内部有很大的阻力，传统媒体与新媒体，大家的薪酬机制、激励机制都不一样，要打破的藩篱很多。所以当时刘爽他们打拼时，我完全放手，没有任何的束缚，没有任何的桎梏，也没有任何的框框。在这样一种状态下，他们自由地驰骋，才有了今天的凤凰网。

刘爽往海里跳的第一个动作，就是为凤凰网定位。

2006年年初，凤凰网确定了"新闻垂直门户"发展战略。当时，一些行业人士非常不看好凤凰网的这一战略定位。他们认为，门户时代已经过去，现在是搜索时代。

刘爽认为门户网站格局还未确定，"新闻垂直门户"一定还有机会，原因有三：第一，多数情况下，网民上网并没有非常明确的信息需求。和读者看报纸的习惯一样，浏览依然是上网主要的目的。第二，网民上网如果没有门户网站信息的刺激，网民可能都不知道要搜什么，如果没有门户，刺激会减小，搜索需求就会减弱。第三，如果没有门户网站随时提供充足的信息，搜索引擎将没有搜索源头。

有人反驳说，即使当前门户网站还有机会，凤凰网也没有机会了。中国已经有了新浪、搜狐、网易、腾讯四大门户，凤凰网已经不可能从他们手里抢走蛋糕。要知道，在美国，一个雅虎，占了门户网站 70% 的流量。而在中国，门户已经有四大巨头，凤凰网早已没有机会。

当时，腾讯、新浪、搜狐、网易国内四大综合门户网站的凶猛势头无人能敌。2007 年，腾讯、新浪、搜狐、网易占据了中国综合门户营收额的 76%。从网络广告方面看，2008 年，腾讯、新浪、搜狐、网易的广告收入占据了门户网站广告市场 96.2% 的份额。

综合门户网站的格局似乎已经是铜墙铁壁，无法撼动。

而凤凰网的身后，在新闻门户的队列里，新华网、人民网、中国新闻网、央视网、北青网、环球网等，几乎都具有坚实的新闻行业背景，并积累了许多忠实的用户。这些网站哪个也不吃素，随时都可能颠覆现有新闻门户网站的格局。如果凤凰网在这个时候分散自己的资源和精力，主攻综合门户，极有可能被其他对手趁机抢走新闻门户的头把交椅。

向综合门户转型，对于凤凰网来说，似乎是"找死"。

但是如果不转型，那就只能"等死"。

凤凰网的管理层提出"向死而生"，置于死地而后生。

因为他们有点"不识时务"，想重新定义互联网媒体版图。

他们认为，凤凰网是中国互联网的"大清新"（New Breath of Fresh Air），凤凰网要重新定义中国门户的版图，当中国的互联网海量、快速成为门户主流打法的时候，当碎片化消费媒体已经成为一种时尚的时候，当门户有一群工程师强调用技术驱动的理念来垄断的时候，凤凰网杀了一个回马枪：他们相信稀缺信息的价值，相信精英编辑、精英媒体的力量，相信差异化的定位和传统媒体的基因。

刘爽首先做了三件事：抢人才、抓管理、改机制。

一是抢人才。人是决定性的，新人能带进新思维、新思路、新团队、新风气。凤凰网将原有的管理层"大换血"，全部换成互联网界有口碑的年轻人。凤凰网以时政、历史、军事和社会资讯见长，这些年轻人上来后，在保证原有内容特色的基础上，使得汽车、时尚、财经以及无线、广告等各条业务线得到了快速增长，垂直领域的影响力迅速攀升，并逐步开设了读书、传媒、体育、教育、公益、游戏、房产等 37 个频道。当然，凤凰网留住人才的最主要的"功夫"，还是股权激励。他们在这方面有非常成功的案例。

二是抓管理。刘爽很动脑子，他不是机械地靠"打卡""纪律""规定"等硬性的方法管理，而是塑造"狼性"，建立学习性组织。

他曾经给我讲过对凤凰网的"改造"：

刘爽说："我刚来的时候，发现这儿有一个特点，虽然是新型媒体企业，但下午 6 点钟一到，下班人如潮水一样往外流。在互联网企业，这种正常的下班是不正常的。于是我干了一件野蛮的事情。"

星期一晚上：周例会。晚 7 点到 9 点半，骨干们谁都甭想走。

星期二晚上：我分头找骨干吃饭，了解各部门的工作进展及遇到的问题。

星期四晚上：我带着大家唱卡拉 OK，联络感情，讨论团队。

星期日晚上：凤凰夜宵，开各种讲座，文化的、技术的、网络的、内容的……通过凤凰夜宵，建立学习型的组织，逼大家来学习。我告诉大家，并不是这些讲座包医百病，能学到你需要的所有知识，而是可以通过这种形式，传递一种能量和信息：凤凰网的员工需要不断地学习，提升自己。有些意思的传递是需要形式来体现的。

刘爽曾经在一年中发了七万字的短信，以指挥凤凰网的运营。他要求大家学会"在狼群出没的草原生存"。

非洲大草原上，只有跑得最快的狼才能吃到羊，也只有跑得最快的羊才能活下来。

在凤凰网的办公区挂着很多标语，其中有这样一条："在狼群出没的草原，只有更机敏、更强悍、更协作，才能生存并取得胜利。"

刘爽的本意并不是号召大家都去当狼，而是要学习狼群依靠团队作战的方法与能力。他说："狼取胜的优点是坚强、机敏，善于把握机会，善于协作，不会互相拆台。中国的互联网公司在巨大的利益面前，拿出了一些非常规的打法。这种阳光下的血腥是我们不愿看到的，我们想提倡一种良性竞争的法则！"

第三，改机制。耶鲁大学教授陈志武说，一个国家最重要的财富是其能促进财富创造的制度机制。这种"制度财富"比"地大物博"更重要，也更值钱。

对于任何一个领域来说，没有竞争，没有激励机制，没有创作自由，就没有创造力。

凤凰网原来的分配机制与传统媒体一样，员工不持股，奖金在工资中的比重约 5%，无法真正实现奖勤罚懒，能者多得。为了将凤凰网改造成股份制新媒体公司，刘爽引进了风险投资，并积极筹划凤凰网在美国上市。因为，几乎所有新媒体都是风险投资的钱"养"大的，风险资本的利益是捆绑的，必须保证创业者的利益，让企业单独上市。凤凰网从凤凰卫视分拆上市，对凤凰来说是很大的一个决定，以至于我不得不亲自进行协调和说服。

我告诉长期生活在传统媒体中的同行们，互联网没有门槛，不拼爹，不拼资源，也不完全靠拼钱，拼的是人才。但没有期权，就没优秀的人肯来。现实就是这么严峻。

最终凤凰网成功地进行了股权改造，建立了与所有互联网公司一样的人事制度、考评制度和激励机制，焕发了员工的创业精神。

建立健全自己的机制有点像"磨刀"，刀磨快了，企业才能一路披荆斩棘。经过一年的打造，到 2009 年，凤凰网在综合类门户的评比中，用户覆盖规模及门户网站排名已经进入中国前五，访问用户在文化程度、收入水平上高于网民的平均数。

重新定义互联网版图，需要创新。

最大的创新是差异化。

巨变正在发生，有一些是暂时的变化，有一些是永恒的、永久的、深刻的变化。比如，智能机对功能机的淘汰；视频收看习惯的根本性改变；社会化媒体和自媒体要革门户网站的命；网络游戏成为最靠谱、最现实的变现方式等。

对凤凰网的文化血型来说，最大的创新还是原创能力的提升。这一点是其他门户网站的短板。美国人 Chris Anderson，是《长尾理论》的撰写者，他在另外一本书《免费》里提出了一个崭新的观点："由于信息的充裕和商品化，信息的免费将是必然的，但同时稀缺的信息将变得非常昂贵。"这句话的解读是：同质化的信息、雷同的信息越来越不值钱，但是稀缺的有价值的信息将更有生命力。

凤凰网内容的稀缺性体现在三个层次上。

一是内容是正版的。无论这里有什么样的江湖恩怨，什么样的利益纷争，凤凰网的这一立场从来没有变动过。

二是信息是独家的。任何大事发生，网民都可以第一时间在凤凰网看到最新的相关内容，这是凤凰网的核心优势之一。

三是内容是独特的。这体现在凤凰网内容制作成员由精英组成，来自两岸三地，知名的主持人、内容制作人、评论员，还有凤凰卫视和凤凰周刊两大品牌，再结合凤凰网正在崛起的原创内容。如，凤凰网人物访谈节目《非常道》《总裁在线》《财知道》《年代访》，凤凰网完成的中国第一个网剧《Y. E. A. H》等。凤凰网正在进行大量的自有内容的制作。

凤凰网内容的正版、独家、独特，内容的稀缺性，将使饱受同质化骚扰的网民可以得到一个全新的、优质的内容。同时正由于内容的稀缺性，使得内容将有很强的议价能力，即便是免费的形式也可以进行后向收费。

但是我们在公司业务线的领域，在新的产品、新的频道、新的业务线上，创新还不够，必须全力改变。

5

4I 营销理念是凤凰新媒体在传播变革和三网融合的背景下提出的传播理论。精准力、洞察力、整合力和影响力成为核心营销理念。

精准力（Intended Target）

在总体网民达到 6.88 亿的今天，年龄、教育、职业、收入、地域等差别巨大的中国网民对于内容、体验的需求已经出现了细分。凤凰网更专注于围绕主流消费人群的需求组织内容。

凤凰网细分受众的针对性与消费力保障了目标受众匹配下的营销传播的精准性，相对于许多主要依赖规模优势的媒体，大大地减少了无效传播及无效点击数，提升了营销 ROI。

洞察力（Insight）

在当今信息泛滥、注意力稀缺，而又大事不断、纷乱变化的时代，人们希望海获得量快速之外非同质化的高品质稀缺性内容。第一代门户更多的是提供一些功能性的产品，以及海量快速的资讯平台。但在当今信息过剩时代，用户对媒体的需求已经从广度媒体向深度媒体转化。

凤凰网的价值观和独特气质是12个字："有温度、真性情、敢担当、有风骨。"以对内容的洞察、对受众及消费者的洞察、对行业及广告主洞察的深度结合，打造客户的品牌知名度与用户忠诚度。

整合力（Integration）

整合是一种另类的原创，是通过大数据做出的分析与判断，是一种思想者对现实与现象的提炼。

组合传播：凤凰网融合互联网、电视网、无线网三大网络，结合内容策划、互动应用、落地活动、公共关系、口碑营销、媒体合作，提供多层次的媒介接触点，打造跨媒体、跨平台的整合营销解决方案。

互动整合：透过PC互联网和手机凤凰网平台上的博客、论坛、评论、调查、微博、圈子等互动产品，提供个性化、即时化、体验化的参与、分享平台，使网友和消费者深度参与营销传播，在互动体验中与品牌建立牢固的关系与情感认同。

资源整合：以内容及受众为基础，整合集团内外电视、平媒、电台、户外大屏、社区等多种资源平台。

影响力（Influence）

受众影响力：影响有影响力的人。作为对高端网民最有影响力的综合门户，凤凰网月覆盖 4.3 亿高端受众，其月均家庭收入 13 515 元人民币；手机凤凰网日均 PV6.61 亿，日均 UV3680 万，手机报每天服务 400 万中国移动 VIP 用户。

媒体公信力和权威性：消费者对于权威媒体与非权威媒体的信任存在很大差别，影响到媒体对消费者的可信度、说服力。凤凰网传承了凤凰卫视的文化基因，其新闻资讯是网民心目中公信力很高的互联网应用。

有一句俏皮话："理想很丰满，现实很骨感。"正是因为理想和现实的反差，我们必须得非常谨慎。

理想是我们实现伟大抱负的第一驱动力，但是，现实之中，永远不会尽如人意。我们必须有理想，但不能理想化，作为媒体人，同时也作为企业家，我们应该在理想和现实之间找到一个甜点，这个甜点，不是蛋糕不是甜品，而是 sweet spot，是高尔夫球的中心点。打高尔夫的人都知道，只有击中甜点，球才能笔直地飞出去很远。有时，使了很大的劲儿一杆挥出，但因为没有击到甜点，球飞起来就会偏离方向。所以在理想和现实之间，我总结了 16 个字与大家共勉。前 8 个字是"心怀理想，举重若轻"。说的是纵有理想，也不能发力过猛，要用巧劲，否则不仅会扭着腰，也无法致远。后 8 个字是"拥抱生活，顺势而为"。不是有这么一句话吗？台风来了，站在风口，连猪都飞得起来，何况我们是凤凰。

　　只要顺势而为，每个人都能一飞冲天。

● 凤凰手机客户端好看好玩还送红色。

附录四
凤凰新媒体相关数据

　　据 Nielsen online 和 Alexa 2009 年和 2010 年上半年数据，在中国综合类门户网站排名中，凤凰网稳居前五名。在传统媒体门户网站中，凤凰网全球排名前三，在亚洲和大中华地区稳居第一。

2015 年 5 月中国门户网站月度流量排名

网站月度覆盖分析
2015 年 05 月（单位：万人）

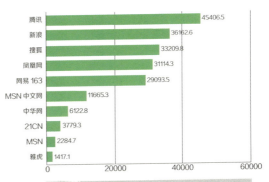

Source:iUser Tracher. 家庭办公版 2015.5，基于对 40 万明家庭及办公（不含公公上网地点）样本网络为的长期检测数据获得。

 2015 年 5 月中国新闻网站流量排名

网站月度覆盖分析
2015 年 05 月（单位：万人）

Source:iUser Tracher. 家庭办公版 2015.5，基于对 40 万明家庭及办公（不含公公上网地点）样本网络为的长期检测数据获得。

表3 **2015 年 5 月中国视频网站流量排名**

网站月度覆盖分析
2015 年 05 月（单位：万人）

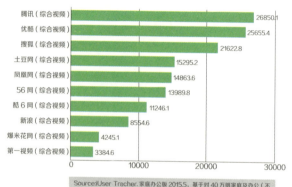

腾讯（综合视频） 26850.1
优酷（综合视频） 25655.4
搜狐（综合视频） 21622.8
土豆网（综合视频） 15295.2
凤凰网（综合视频） 14863.6
56 网（综合视频） 13989.8
酷 6 网（综合视频） 11246.1
新浪（综合视频） 8554.6
爆米花网（综合视频） 4245.1
第一视频（综合视频） 3384.6

Source:iUser Tracher. 家庭办公版 2015.5, 基于对 40 万明家庭及办公（不含公公上网地点）样本网络为的长期检测数据获得。

 表4 **2015 年 5 月中国财经网站流量排名**

网站月度覆盖分析
2015 年 05 月（单位：万人）

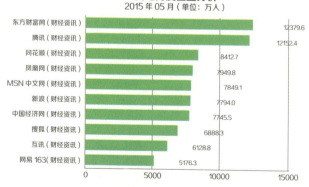

东方财富网（财经资讯） 12379.6
腾讯（财经资讯） 12152.4
同花顺（财经资讯） 8412.7
凤凰网（财经资讯） 7949.8
MSN 中文网（财经资讯） 7849.1
新浪（财经资讯） 7794.0
中国经济网（财经资讯） 7745.5
搜狐（财经资讯） 6888.3
互讯（财经资讯） 6128.8
网易 163（财经资讯） 5176.3

Source:iUser Tracher. 家庭办公版 2015.5, 基于对 40 万明家庭及办公（不含公公上网地点）样本网络为的长期检测数据获得。

手机凤凰网居中国 WAP 门户第五位

手机凤凰网（wap.ifeng.com；3G.ifeng.com）2007 年 7 月上线以来，一直秉承凤凰大资讯、大文化、大历史的媒体精神，一直在为手机用户提供具有凤凰特色的移动资讯服务。

手机凤凰网定位为主流手机用户提供时政、社会、财经、历史、军事、时尚、科技、娱乐、体育等综合新闻资讯，并涵盖独家视频、综合专题以及博报、论坛、读书、内容、视频点播等互动内容，服务于 420 万中移动中高端用户。

附录五

凤凰的"创新突围"之道（在 2015 年凤凰节目总结会上的讲话）

2015 年中国传媒发展特征为：全球化、媒体产业、大数据、网络空间、媒介融合、互联网＋。

互联网生机勃勃，互联网首次超过电视成为第一大广告媒体。网络视频用户、微信用户数量不断上涨，将带来更大的提升空间。

——摘自《中国传媒产业报告》

有人说，对于传媒业，2015 年恰似明朝的"万历十五年"，外表平静，内蕴风雷。在这一年，传媒行业发生革命性变化，传统媒体纷纷步入转型期，媒体融合加速，资本运作频频，视频网站进入爆发期，内容创业者迎来春天，互联网倒整合时代到来，新媒体新技术不断涌现。

这是决定性的一年，传媒行业的主基调已经确立，也是为未来布局的一年，传媒行业新格局已然形成。

2015年12月2日，我在新加坡获颁"亚洲电视大奖之杰出贡献大奖"。2016年1月26日《2015中国互联网＋年度人物推荐及最具影响力评级报告》评选我为"2015中国互联网＋最具影响力年度人物"。这两个奖项说明了评选机构对凤凰卫视的认可，肯定了凤凰由传统媒体向全媒体过渡的从容布局，认为凤凰在网络影响、公司业绩、社会责任以及互联网＋等方向的表现可圈可点。外界不再单纯地认为我们仅仅是一家电视台，更是一个"互联网＋凤凰"的融媒体，是一个全媒体集团。

但与此同时，我们也遭遇到很多困难，正如一位经济学家所说："互联网对于各种行业的重塑，是一个'创造性毁灭'的过程。"

过去一年，传统媒体陷入了多年来少有的经营困境，凤凰的广告经营和节目创制也遭遇了一些问题，但凤凰寻求突围的锐气未减，整合转型、资本运作、新品上线……我们正在努力构建新模式、引领新业态、创新突围。

"突围"的"突"字，有突出、冲破的意思，我今天准备先从高处务虚，再务实，一起寻找"创新突围"之道。不管怎么样，就是要拿出点精神来，要有一点与众不同和坚韧不拔的精神，或者是凤凰涅槃这样一种动机才可以。

突围的"围"字，本意是指"四周拦挡起来，使里外不通"，还有环绕之意。作为名词则可释义为"四周"。

1. 凤凰卫视究竟被"围"在哪里？

首先是行业竞争 。目前，国内卫视将娱乐节目栏目作为其创收赢利的重点，重金购买国际娱乐节目版权，节目向大众娱乐化方向发展。综艺类栏目也是最能吸金的节目形态，远超以往央视的标王，抢走了广告市场上的巨大份额。比如，浙江卫视的 2015 年《中国好声音》栏目的招标签约金额超过 13 亿元，《快乐大本营》的冠名及广告接近 12 亿元，竞争烈度急剧升级。单就冠名这一广告大项，韩束 5 亿元冠名《缘来非诚勿扰》、伊利 5 亿个冠名《爸爸去哪儿 3》、立白 3 亿元冠名《我是歌手 3》。由于凤凰卫视在落地资格上被限制，未来几年可能将会面临更加严峻的局面。

根据央视索福瑞的调查，2014 年，国内卫视频道中，综艺栏目的播出比重为 5.8%，收视比重达到 11.4%。以一线卫视综艺栏目比较集中的晚间十点档为例，从资源使用效率的角度看，综艺节目以第五位 9.7% 的播出比重取得第一位 23.4% 的收视比重，资源效率达到了 141.2%。而专题类和生活服务类节目的资源使用率均为负数，这是凤凰必须面对的问题。

凤凰卫视以国际化著称，在报道国际新闻上具有优势地位。但中央电视台宣布，2015 年海外记者站包括海外分台达到 61 个，特别是在伊拉克、也门等重点、热点地区驻站，自称已成为真正意义的世界性大台。毋论政策优势和采访特权，这确实促使凤凰要认真考虑对策。

其次是新媒体之围。说起我们的四周之围，新媒体之围是最大的了。总体上，大趋势大家都看得很明显，新媒体的崛起，在总体上来说是势不可当的压倒性优势。凤凰新媒体超过凤凰是大趋势，只是时间问题。现在凤凰新媒体涨幅比较凶猛，但是凤凰传统媒体呢，跌幅也比较迅猛，所以倒挂，这是值得我们反思的问题，但是大趋势不可阻挡。

根据国内几家机构发布的广告市场研究数据：2014 年互联网广告营收规模超过 1500 亿元，而电视广告收入 1200 多亿元，互联网成为五大媒体中的第一广告媒体。有报道认为 2014 年互联网广告已超过电视和报纸广告收入之和。

CTR 数据预测，2015 年电视媒体依然会保持广告体量低速增长的态势，而互联网的发展更为强势，预测保持 40% 以上的增速，其中移动终端为增长主力军。

如何突围呢？举美国为例，美国是电视大国，也是新媒体大国，美国应该对我们的研究来说是重点方向。他们的电视无所不在的方式就是多屏化，计算机屏、平板计算机、手机屏和各种客户端。电视无所不在，他们用网站来和电视互动，特别是 APP 的应用。在 APP 的应用方面我们做了一些尝试，但力度还是不够。

2. 世界主流电视媒体的突围战略

美国电视媒体面对当前电视观众收视行为变化和观众构成的变迁，积极利用传播新科技，传统电视媒体与新兴媒体融合呈现出多样化发展的新局面。

一是重视内容战略。内容为王的规律，仍然主导着视频世界，而平台和渠道，并不是视频时代的焦点，谁拥有最有价值的视频内容，谁才在市场说了算，这个话不是苟延残喘的喘息或者狡辩，我认为还是有道理的。所以重视内容的战斗，还是要的。英国广播公司已经决定逐步打破内部节目照单全收的成规，不再为所有内部节目埋单，BBC 内部制片人制作的节目需与外来节目同等竞争，按质选用，只有高质量的好作品才能登上 BBC 的播出平台。同时 BBC 内部制片人还要按一定指标，规定节目外销业绩，在全球节目市场中竞争，打造世界级节目。这对我们也是一个借鉴。

二是开发微视频，发挥电视媒体的视频优势。目前，全球范围内的在线视频网站上的新闻内容以微视频为主，其中大多是对现有电视新闻节目重新剪接。针对这一趋势，世界主要电视机构纷纷启动微视频项目，电视节目和微视频节目共同策划、同步制作、按序分发，以微视频为刀锋使优秀节目切入移动互联时代。现在，传统电视部门，没有一个专门的 APP 开发机制是不行的。微视频和 APP 的开发，一点资讯还是做得不错的。

三是重新确定多屏分发次序，将传统的电视优先改为移动优先。面对重大突发新闻，改变传播方式，采用手机屏—移动端—

网站—电视屏的推送次序，使受众第一时间获取信息，然后再以传统方式进行分层次详尽报道。现在包括 CNN 在内的很多新闻机构，发稿程序已经改变了，电视屏幕变成第四位了，记者发稿时，把 APP 和网上放前边考虑。这一点，包括凤凰在内的许多传统媒体的机制确实"传统"。

凤凰现在云系统已经建立起来，如何在内容方面加以整合，把它应用到极致，是我们要考虑的问题。

四是创新面向未来的传播平台。ESPN、CNN、National Geographic 等电视机构联合社交媒体 Snapchat 创建了适应移动互联时代的新型传播机构——Discover，它是在电视内容与新媒体传播方式结合的基础上产生的一种新的传播平台，充分结合了电视的视频优势和社交媒体的传播优势，国际传播界认为其代表了未来的发展方向。

为了突围，美国主流电视媒体提出了两种战略。

其一，"电视无所不在"战略。

充分利用传播新科技，把电视节目由单一的电视屏扩展到计算机屏、PAD 屏、手机屏及各种客户端。

Adobe 发布的《美国数字视频基准报告》指出，到 2014 年 6 月，美国主要电视机构的 95 个电视频道共建立了 160 个"电视无所不在"网站或者 APP 应用。21% 的美国家庭通过国际互联网收看了"电视无所不在"所涉及的电视节目视频内容。美国主流电视媒体节目视频网上消费量增长了 246%。"第二屏"战略有效提升了电视媒体的观众数量。建立社交网站账户，充分利用社交媒体与电视屏的互动，吸引年轻观众参与电视节目是美国电视媒体推进融合战略的一个重要内容。

2014 年上半年，实施"第二屏"战略的美国电视机构，其受众数提升了 49%。同时这些电视媒体的网上节目视频，来自海外的点击量达到了 356 亿人次，比前一年同期提升了 43%。

美国电视媒体的传统用户模式发生了根本性转变。2014 年第二季度尼尔森跨平台收视报告指出，ABC、 ESPN 等美国电视媒体，为年青一代受众提供在线付费电视节目内容，引起了传统电视媒体用户模式的转变，从而使传统的电视观众转变为两种类型：一类是传统电视用户，通过有线电视网或者卫星付费账户接收电视节目；另一类是互联网用户，通过互联网在线注册，获取网上账户，或者下载 APP 应用接收电视节目。

"电视无所不在"战略有三种模式：

新闻类电视媒体中有 CNN 模式。

2014 年较为吸引眼球的是 CNN 的改革。一般认为，CNN 此轮改革的实质，"是对一种老旧的商业模式的升级换代"。

CNN 新任主席杰里夫·苏克尔说："娱乐化、数字化，尤其是向手机新闻的转型，这三者结合起来，是目前的电视趋势。按照这种思路进行的电视改革将使 CNN 迈过时代的鸿沟，站在竞争的前沿。"CNN 的媒体融合，是传统电视媒体利用新媒体技术，以及新媒体平台，而进行的一次覆盖内容、技术、传播、平台、管理的全流程改造。

这对凤凰有非常大的借鉴性。实际上 CNN 在觉悟的时间上来说比凤凰晚，但 CNN 有一个好处，它是一体化的，没有新媒体机构，跟我们不一样，我们分凤凰网和凤凰卫视，是两个队伍，一体化是我们当前的改革重点。

体育赛事类电视媒体中的 WWE 模式。

美国电视专家认为，从媒体融合的趋势来看，国际体育赛事类节目内容提供商将走向网上直销模式。世界摔角频道（WWE Network）被认为是 2014 年美国体育赛事类电视媒体迈进媒体融合的代表。

世界摔角频道的前身是世界摔角联盟旗下的点播频道 WWE 24/7 On Demand，入网康卡斯特、AT&T、Verizon 等有线电视网，由于观众面狭窄，截至 2010 年 11 月，频道全部订户仅为 115 000 个。

2014 年 1 月 8 日，世界摔角联盟将世界摔角频道定位为互联网电视频道，提供在线视频订户服务。

这一新型互联网电视频道开播以来，在美国境内已经有 70 万家庭订户，到 2014 年年底，超过了 100 万户。《纽约时报》认为，世界摔角频道站在了世界互联网电视前沿。

影视剧、纪录片节目类中的 HBO 模式。

HBO 一直以来以影视剧及纪录片闻名遐迩。出于保护版权的原因， HBO 一直采取卫星/有线电视频道＋版权出售（与亚马逊、奈飞等视频网站版权合作）的模式，新媒体仅占 HBO 节目播出的一小部分。

2014 年，面对全球"传统媒体与新型媒体融合年"的大潮冲击，HBO 这样的内容提供商不得不考虑构建"有线、卫星电视频道＋OTT＋版权分销"三位一体的新体系。

2014 年 4 月，HBO 对热播电视剧《权力游戏》第四季采取了全新的经营策略，即网上独播。这次测试取得了出乎意料的成功：首播期间每小时平均收视人数达到 1000 万。

目前，根据调研，美国近 20% 的宽带用户愿意在宽带／卫星电视收视费的基础上，为 HBO 的在线视频点播付费，因此大多数国际电视理论家认为，HBO 走向多屏是传统电视的自我进化。

这些案例对我们是有启发的。目前我们面临的问题是，老是顾虑我们落地不好，所以很多大型娱乐节目不敢做。实际上现在《奔跑吧兄弟》等很多节目，基本都是从网上收看，然后甩到电视上播出。这说明什么问题？是不是非得在电视百分之百落地的情况下，我们才能操作大型娱乐节目？我想，凤凰网的落地是无所不在的，我们有些节目可以考虑在电视上播出的同时，在凤凰网实现大部分落地和收视，以达到完美互动。

所以，落地不是一个不可逾越的问题。

其二，"适屏适时电视"融合战略。

2015 年 3 月，维亚康姆发布了对全球 14 个国家、10 500 名受访者的研究报告。

这份报告指出，在多屏传播环境下，受众选择哪种"屏"观看视频节目，实际上与"屏"的关系不大，"网民"可能会关注电视屏，而传统电视观众也会关注新媒体的"屏"。有 51% 的受众并不关心电视节目在哪个平台上播出，收视"需要"是观众选择观看哪种"屏"的决定性因素。更多的时候，受众选择回看是因为错过了正常播出时间，选择网上视频点播是为了"追剧"，选择付费点播是为了一口气看完全剧集，而上网搜索免费电视节目视频是因为要看最想看的电视节目。

调查显示，71%的受访者表示电视屏依然是收看电视节目的首选。

维亚康姆认为，目前为止几乎所有电视媒体的"电视无所不在"战略都走错了路。所谓"电视无所不在"并不见得是一个正确的表述。电视节目在什么平台播，以及怎么播，以什么方式播，都不是受众真正关心的。受众真正关注的是什么时间播。

因此，"电视无所不在"的实质内涵应该是传播的实时性，也就是受众在他们有时间的时候能够看到节目。报告强调，"电视无所不在"的正确表述应该是"适屏适时电视"，即 TV Right Now，也就是说，要让受众在最适合的时间，在最适合的屏幕，看到最适合的节目。

3. "凤凰之围"的破解之道在哪里

浙江卫视的《中国好声音》电视与网络互补，充分发挥了网络矩阵所拥有的内容优势，覆盖"娱乐+视频"双平台，充分运用计算机、手机、PAD"三屏合一"的全媒体模式进行营销和推广。

这是大数据时代电视台和互联网的一次优质合作典范。好内容、好渠道、好技术、好推广等强强整合，在社会效益和经济效益两个方面均获得了优质的回报。

此外，《中国好声音》由上海灿星公司制作，采用收视对赌、广告分成的方式，实现各方利益的最大化。一家公司，成立一年多，估值 21 亿元，这在中国文化传媒界或许史无前例。

以前，观众通过注意力被收买，向电视媒体付费，现今，电视媒体已逐步转变为集产品、内容、渠道、用户于一体的营销服务平台，由原来通过广告获取观众的注意力进行二次售卖，转变为以用户为核心的功能性服务，台网融合，做到电视节目形态质的飞跃。

凤凰卫视提出全媒体的理念，已经有七八年的时间了，可我们还没有取得产品的突破，由此可见，凤凰之围在于心之围城，是凤凰专业主义丧失，是惰性，是思想的裹足不前。现在我们的人和观众，包括我们的节目，随之老去，垂垂老矣，这是惰性。

破解凤凰之围，首先要突破心中之围，做"互联网＋传媒"时代的坚守者、变革者、创新者。

第一，坚持凤凰本色，做新闻专业主义和优质内容的坚守者。

目前，在融媒体的大环境下，对于新闻专业主义的冲击，主要表现在几个方面：信息可以不经过把关，避开新闻媒体过滤直接公开发布，失实性新闻比例不断扩大；自媒体传播的碎片化特点，使信息充斥着不完整性，引起误读误解；有些自媒体已经变成满足低俗猎奇性心理的信息来源。

在"新闻消费主义"的影响和追求利润的终极目标的驱使下，媒介公司的经营方向必然会向用户喜好倾斜，使猎奇和娱乐成为新闻的主体。

我认为，新闻媒体最终的价值是对于社会责任的坚守，在融媒体环境中，融媒体时代下，新闻专业主义屡屡缺失，更需要高擎"新闻专业主义"的大旗。2016 年 1 月 12 日发布的《媒体与公众关系调查报告》显示：在重大新闻及突发事故报道上，民众对传统媒体的信任度高于新媒体 40 个百分点之多，信任传统媒体的比例达65%，而信任新媒体的人只有 25%。其中，对重大事件的新闻信息，年轻人、高学历者信任传统媒体的人仍居多；但对新媒体，90 后和高学历者信任的人也不少，有 40% 和 37%。

全媒体从本质上说是以内容公信力为基础的影响力为王，在这一点上，脱胎于电视媒体母体的垂直网站，相比草根互联网基因的视频网站，优势更加明显。

凤凰的内容是凤凰全媒体战略中的"定海神针"，凤凰品牌强化和影响力强化是我们非常重要的核心价值观及核心竞争力，不能动摇。传媒的核心价值就是，任何时候人们都需要内容的精致化整合。

我将凤凰信息内容调整的新方向归结为五新：新思维、新人才、新结构、新产品、新模式。

新思维，就是要具备"互联网 +"思维、互联网逻辑。互联网的冲击给传统媒体带来了巨大进步，有很多传统媒体开辟了网站、APP 等新媒体形式，但如果认为媒体融合仅限于将互联网作为传播渠道，这只是"+互联网"而不是真正的"互联网 +"。传统媒体在"互联网 +"的过程中，应该确立全媒体融合发展的经营理念，为传统媒体植入更多的互联网基因。

新人才，要选拔培养复合型人才、专业技术管理人才、创新型人才，从而实现人的素质专业化。培训是很重要的手段，培训的力度要加大，要不断培训。老话讲，"艺不压身"，凤凰的软硬件领先国内两年，但我们的应用是否到位？我认为并不见得。设备在更新，技术也要更新，技术是人掌握的。人才靠我们自己培养，也要继续开放凤凰平台，引进人才！

新结构，就是产品结构多元化、改变产品的生产方式。比如美国互联网第一大报《赫芬顿邮报》仅用 6 年的时间就使自己的访问量超过了百年老报《纽约时报》。它的产品结构和生产方式就很独特：核心团队只有 150 名工作人员，外围是 3000 名博客作者和 1.2 万名公民记者，每月为其提供约 200 万条新闻。这种极具互联网思维的"共享众包模式"就叫"新结构"。

新产品，指产品多样性、多元化、多屏化。凤凰的信息产品不仅要争夺新闻的第一落点，还要善于把握新闻的第二落点，例如，及时组织评论，跟踪报道一个重点新闻事件的前世今生，台前幕后，延展不同方向的链接，在产品传播上实现四屏合一。

新模式，指寻找新的收入模式。时至今日，一个媒体不能只把自己看作一个内容提供者，因内容而产生的影响力、品牌和资源使媒体处在一个中介位置，即第三方位置，它必须以"关联—节点"式的价值对接方式实现互联网条件下的赢利模式重构。形象地说就是，甲方和乙方通过资源整合生产产品，卖给丙方，再由丁方埋单，而媒体是实现这个合作的"超级联络人"，是搭建交易平台的人，这与以前靠内容卖广告的收入模式完全不同。

第二，顺应全媒体生态，做内容运营和管理模式的变革者。在刚刚过去的 2015 年，有三个媒体热词引起了持续的关注。

热词 1：IP

IP 意为智慧财产权（Intellectual Property）。近年来，随着《失

恋33天》《甄嬛传》等由网络小说改编的影视作品在市场上获得成功，IP影视剧的创作便一发而不可收，出现了《何以笙箫默》《左耳》《万物生长》《盗墓笔记》《琅琊榜》《致我们终将逝去的青春》等具有影响力的作品。

IP版权买卖越来越红火，购买价格呈几何级数增长，有的甚至突破2000万元的天价。

面对发展迅猛的视频网站，电视台也在调整策略，抢夺热门IP的各项产业开发权，不断巩固其自身优势地位。对此，凤凰要调整内容运营模式，积极主动地应对新媒体竞争。强化自制内容独播概念，培养忠实用户，重视优质IP资源开发，拓展产业链。

热词2：T2O

T2O（TV to Online），指的是产品从电视端营销到线上销售，这种模式更容易触发观众的购买欲望，也使购物更直接便捷。

当电商联结电视成为一种必要，T2O作为一种新的商业模式备受关注。T2O的本质是把观众变成核心用户，把平台变成流量入口，通过平台获得公信力和售卖能力，转化成商业价值。目前，作为传统媒体的电视台，做T2O模式还有不少的痛点，从观众到用户的转化率低，T2O的定位也不够精准，但竞争格局已定，行业整体向新模式转变也是不争的事实，把痛点变成卖点是我们的目标。

热词3：自媒体3.0时代

所谓自媒体，是互联网时代媒体的一个新的定义，只要你能传递某种受众需要的信息，你就是媒体。从2013年开始，自媒体狂野爆发，获得了惊人的红利。

自媒体对传统媒体的挑战和影响是巨大的：媒介权力的下放，挑战传统媒体的主导地位；媒介接近权利变化，公民新闻的介入模糊了"独家"概念。

2015 年，还有一些变化让传统媒体刻骨铭心。

一是传统媒介广告持续下滑，互联网广告持续增长，传统媒体被快速边缘化。根据预测，2015 年报纸、期刊和广播三者的广告收入之和为 526.89 亿元，将被百度超过。在未来 5 年内，互联网广告仍然会保持 20% 以上的高速增长，而传统媒体却依然处于快速下滑之中，这将导致传统媒体的市场地位进一步被边缘化。

二是移动互联网广告占比超过互联网广告的 50%。百度财报显示，2015 年移动营收占比为 54%。阿里巴巴财报显示，2015 年移动平台成交额占比 61%。此外，腾讯、新浪广告收入增长主要来自移动端，其移动端的收入基本上都超过 50%。当传统媒体的互联网站刚刚有了一点眉目，有了些许收入的时候，移动互联网快马杀到，让人有猝不及防之感。

在这样的重压之下，传统的电视媒体必须改变内容运营和管理模式。

在我的视野里，美国最大的有线电视公司和互联网服务供应商康卡斯特的战略转变值得关注：

以内容为根本，让自己的频道丰富再丰富。从 2009 年到 2014 年，康卡斯特先后与美国的各大电视内容提供商达成协议，持有了 22 家高清电视网的股份，从而向自己的用户提供了大量新的频道和新的节目。特别值得一提的是，2011 年，康卡斯特推出让人不知所云的"XFinity"产品，旨在允许注册用户通过电脑，直接在线观看有线电视节目，对于现有的数字有线电视和因特网用户则完全免费。在业内人士看来，XFinity 与其说是一个服务品牌，不如说是一个充满野心的计划——美国有线电视产业中最大规模的网络电视整合计划。

推出移动和社交服务。康卡斯特推出了移动应用程序 XFinity TV Go，集成了 35 个直播频道、2.5 万个影视剧点播节目，付费电视使用者可在安卓或苹果移动设备上收看或下载。康卡斯特还与 Twitter 合作，与 NBC 电视台节目有关的 Twitter 消息增加"观看"功能，相关用户能在手机上直接观看康卡斯特电视节目。XFinity 平台的另一项服务，可以让用户在新电影上映后、DVD 发行前，通过付费点播先睹为快。

这种对新技术的娴熟应用，对内容运营和管理模式的大胆变革，我们必须认真学习并加以借鉴。

三是全球具备上网功能的收视终端将在 2017 年超过全球总人口。据研究机构预测，2017 年全球具备上网功能的收视终端将大幅增长到 82 亿，这些终端包括平板计算机、智能电视、智能手机、互联网机顶盒、个人计算机等。而在具备上网条件的家庭中，户均收视终端总数则达到 10 个。这就意味着，电视播出机构要及时调整传统的播出方式，构建立体多元的内容分发模式。电视节目要面向多个管道、多个终端、多重版权的开发与销售。

四是新技术带了新趋势。

垂直视频将开始大量出现。（垂直视频是指注意力集中在某些特定的领域或某种特定的需求，提供有关这个领域或需求的全部深度信息和相关服务的网站。）

播客正在崛起。

360°场景再现、虚拟现实技术驱动的沉浸式视频报道（VR报道）成为新宠。

传统新闻媒体开始大量起用数字技术人才，创新蒲公英传播方式。

新兴聊天涌现，更注重社交内容的具体形式、新应用服务、安全性能和更多的新闻推送。

移动时代"内容为王"将再次兴起。

机器人新闻业——先进的模式识别和语言自动生成系统表明内容和发布管道将随时创新。

牛津路透关于2016新媒体经营者调查的资料显示：

78%的经营者认为新闻编辑部应该提高数据整合能力。

79%的经营者认为应对在线视频投入大量资金。

54%的经营者认为要优先发展网络订购服务。

综上所述，内容运营和管理模式的变革势在必行。观望和等待意味着机会丧失和消亡。

第三，积极探索融合业态，做全媒体的创新者和引领者。

关于全媒体，凤凰已经做了很多探索，我想就最新出现的一些媒体融合的现象谈一点想法。

微信开始影响电视。如果仔细研究，可以发现，微信具有电视频道的三大基本功能，即通路连接、内容传播和营销促进。也许传统媒体有人会把微信的强大当成一种威胁，其实大可不必，我反而觉得这让打通电视与微信变得更加容易。

微信既是传统电视的挑战者，也可以成为传统电视转型升级的助力者。从挑战的角度看，微信主要分流了电视观众的人数与时间；从助力的角度看，微信可以成为促进电视节目传播与营销的有用工具。

VR的仿真能力与感觉。VR，即 Virtual Reality，是指通过设备模拟产生一个三度空间的虚拟世界，提供使用者关于视觉、听觉、触觉等感官的仿真，让用户产生身临其境之感。2015年11月，《纽约时报》推出了一款叫"NYT VR"的APP，提供了一些结合虚拟实境技术的新闻影像，在 NYT VR 的其中一个影片中，你会来到战火纷飞的国度，在身临其境的环境中感受战争对环境和人们所带来的影响。《华尔街日报》基于 VR 技术制作了一个专题报道。影像的内容主要呈现了2050年日本老龄化的严峻问题，你会看到画面中日本街道上行走着的基本都是老年人，一副了无生气的样子。而实际上，这些画面都是虚拟的。

乐视颠覆电视生态。电视是一门GOOGLE、苹果、微软都没有玩转的生意，乐视的做法是开发智能电视，入局大屏互联网，打造一条"平台+内容+终端+应用"的完整产业链，借此打造未来家庭的"信息中心"。客厅正成为科技公司最惨烈的战场。

运营创新手法创新。一是通过资本运营打造新媒体集团，如上海东方传媒集团将文化传媒板块中市值排名第一、第二的百视通、东方明珠公司合二为一，组成千亿级文化传媒，试图创造"电视新看法"，为观众提供多样化的视听服务。二是拓展赢利模式，恰如其分地软性广告植入。三是开发衍生品实现产业增值。如湖南卫视的《爸爸去哪儿》，用的是电视—电影—手游—图书模式；浙江卫视的《北京爱情故事》《奔跑吧兄弟》用的是电视剧—电影和综艺—电影模式。

管理新招：多结点网状节目生产系统。"互联网＋"格局下的电视媒体仅仅把节目放到互联网上是不能真正融入这个时代的，我们需要用互联网的思路和方法去改造我们内部的组织结构。在节目生产方面，节目生产部门应逐渐用多结点的网络形态取代层级结构：一个节目组就是一个结点，多个节目组形成多结点的网状结构，不需要再按题材或播出平台人为划分成若干部门。各个结点的节目组相对独立，又同属同一个网络，让它们自主去联接和碰撞，那么纳入这张网的节目组越多，涌现出的创新就越多。在管理方面，互联网公司有很多大胆的创新，例如，小米公司用米聊群来代替组织架构、用使用者评价管理来代替绩效管理。

在媒体激烈竞争的今天，改变已经成为共识，但怎么变，变什么，却莫衷一是。我觉得，最靠谱的改变应该从改造自身的微环境开始，从改造节目生产生态开始，把节目生产的多结点网状结构先建立起来，让节目生产的创新力涌现出来。

下面谈一些非常务实的想法。

（1）要尽快建立创新机制、体制。

我们在凤凰卫视董事会议上已经提出拿出一些收视率排名靠后的栏目交给广告部门运作，此次会议也有同事提出，要把栏目交给主持人、制片人自己经营，也就是制作销售一体化，我非常赞成，节目要立即研究实施。

第二大尝试是凤凰网和凤凰卫视联合销售。CNN 是百分之百拥有 CNN.com，所以它的一体化很容易操作；凤凰卫视是 60% 控股凤凰网，这一点虽然和 CNN 不一样，但我认为股权的差异应该不是大问题。怎么做呢？我认为先从栏目开始。我们这次要创办几个栏目，从这几个栏目开始做到销售一体化。

此外，将凤凰总编室和原来的节目策划部进行整合，设立"节目创意策划部"，这是个务实的部门，要研究凤凰的栏目，更重要的是把管理层、节目同人的创意综合起来，做出有可行性的调研结果和栏目策划，强调的是执行力。我们节目同人里有这样的人才，也不排除请外脑。

这样做的目的，就是在凤凰内部培养一种创新的机制。

（2）对于节目创新，可以从"四新"思考。

思想新。如在媒体融合上，创造性更大一点。目前的融合不自觉，不精妙，不成熟，不完善，还没有能产生巨大效益的产品，甚至有分而治之、互相倾轧造成力量抵消的现象。

形式新。目前凤凰谈话类栏目较多，如《新闻今日谈》等栏目，建议要创新节目形式，由节目中以主持人表述观点为主，改为邀请重量级嘉宾多表达观点，还可以多邀请外籍嘉宾，更多体现凤凰的国际化视野。

视角新。互联网视角＋国际视野，是凤凰卫视应该不断追求的。

内容新。主要是对老套路。思维定式的颠覆与扬弃。有人说过，创作过程中，你最先想到的套路一定要自我否定，当设想了几十种思路后，你再决定用哪一种。独家既是指最先报道，也是指最有深度和新意的报道。

（3）具体创新栏目建议：（略）

图书在版编目（CIP）数据

凤凰全媒体 / 刘长乐著 . — 北京：民主与建设出版社，2016.8
ISBN 978-7-5139-1131-3

Ⅰ . ①凤… Ⅱ . ①刘… Ⅲ . ①电视台 – 概况 – 香港Ⅳ . ① G229.276.58

中国版本图书馆 CIP 数据核字（2016）第 130623 号

凤凰全媒体
FENGHUANG QUANMEITI

出 版 人：许久文
著　　者：刘长乐
责任编辑：王　颂
监　　制：蔡明菲　潘　良
特约策划：李　荡
特约编辑：温雅卿
封面设计：主语设计
版式设计：李　洁
出版发行：民主与建设出版社有限责任公司
电　　话：（010）59417749　59419770
社　　址：北京市朝阳区阜通东大街融科望京中心 B 座 601 室
邮　　编：100102
印　　刷：北京中科印刷有限公司
版　　次：2016 年 8 月第 1 版　2016 年 8 月第 1 次印刷
开　　本：880mm×1270mm　　1/32
印　　张：11
字　　数：225 千字
书　　号：ISBN 978-7-5139-1131-3
定　　价：39.80 元

注：如有印、装质量问题，请与出版社联系。